토인비의 전쟁과 문명

토인비의
전쟁과 문명

아널드 J. 토인비

앨버트 V. 파울러 발췌

조행복 옮김

WAR AND CIVILIZATION, FIRST EDITION

by Arnold J. Toynbee

© 1950 by Oxford University Press

WAR AND CIVILIZATION, FIRST EDITION was originally published in English in 1950. This translation is published by arrangement with Oxford University Press. KACHI PUBLISHING CO. LTD. is solely responsible for this translation from the original work and Oxford University Press shall have no liability for any errors, omissions or inaccuracies or ambiguities in such translation or for any losses caused by reliance thereon.

Korean translation copyright © 2020 by KACHI PUBLISHING CO. LTD. Korean translation rights arranged with Oxford University Press through EYA(Eric Yang Agency).

역자 조행복(趙幸福)

1966년 경기도 화성에서 태어났다. 서울대학교 대학원 서양사학과를 졸업하고 같은 학과에서 박사 과정을 수료했다. 옮긴 책으로『브루스 커밍스의 한국전쟁』,『폭정』,『나폴레옹』,『20세기를 생각한다』,『재평가』,『세계 전쟁사 사전』,『1차세계대전사』,『독재자들』,『블랙 어스』 등이 있다.

편집, 교정_김미현(金美炫)

토인비의 전쟁과 문명

저자 / 아널드 J. 토인비
역자 / 조행복
발행처 / 까치글방
발행인 / 박후영
주소 / 서울시 용산구 서빙고로 67, 파크타워 103동 1003호
전화 / 02 · 735 · 8998, 736 · 7768
팩시밀리 / 02 · 723 · 4591
홈페이지 / www.kachibooks.co.kr
전자우편 / kachibooks@gmail.com
등록번호 / 1-528
등록일 / 1977. 8. 5
초판 1쇄 발행일 / 2020. 5. 4
      2쇄 발행일 / 2021. 1. 11
값 / 뒤표지에 쓰여 있음

ISBN 978-89-7291-712-0 93900

이 도서의 국립중앙도서관 출판예정도서목록(CIP)은 서지정보유통지원시스템 홈페이지(http://seoji.nl.go.kr)와 국가자료종합목록시스템(http://www.nl.go.kr/kolisnet)에서 이용하실 수 있습니다. (CIP제어번호 : CIP2020015827)

차례

아널드 토인비의 서문 7
편집자 서문 15

제1장 전쟁에 빠진 오늘날의 세계 __ 19

제2장 군사주의와 군사적 덕목 __ 33

제3장 스파르타, 군사 국가 __ 55

제4장 아시리아, 군사 강국 __ 99

제5장 니네베의 짐, 카롤루스 대제와 티무르 __ 135

제6장 승리의 중독 __ 173

제7장 골리앗과 다윗 __ 187

제8장 군사 기술 발달의 대가 __ 215

제9장 검을 지닌 구원자의 실패 __ 233

역자 후기 271
인명 색인 275

| 일러두기 |

— 『역사의 연구(*A Study of History*)』와 그 일부를 발췌한 이 편집본
은 영국 왕립국제문제 연구소의 후원으로 발행되었다. 왕립국제문
제 연구소는 국제문제의 학문적 연구를 장려하고 촉진하기 위해서
1920년에 설립된 비공식적이고 비정치적인 조직이다. 연구소는
내부 규정에 따라 국제문제의 특정 측면에 관하여 견해를 표명할
수 없다. 따라서 이 책에 나타난 견해는 순전히 개인적인 것이다.
— 본문의 각주에서 번호 주는 원저자의 주이며, •는 역자의 주이다.
— 인용문의 출처는 역자가 이해를 돕고자 추가한 부분이다.

아널드 토인비의 서문

이 작은 책의 내용은 비교적 두께가 상당한 여섯 권짜리 연구서의 일부를 앨버트 파울러가 저자와 협의하여 발췌한 것이다. 그 연구서는 나머지가 마저 출간되면 이 정도 두께의 책 아홉 권으로 늘어날 것이다. 발췌된 부분은 『역사의 연구(*A Study of History*)』의 저자가 전쟁에 관해서 말하고자 한 것을 설명하기 위해서 선별되었다. 전쟁이라는 공통 주제가 발췌된 내용에 통일성을 주는 것이다. 그러나 이 작은 책을 읽는 독자는 유의하기 바란다. 발췌된 내용은 원래의 문맥에서 벗어나 있으며, 전쟁은 원 저작의 중심 주제가 아니다. 물론 불행하게도 인류의 역사를 연구하면 약 5,000-6,000년 전에 문명으로 알려진 인간 사회가 출현한 이래로 전쟁이라는 제도가 이 비극적 주제의 핵심에 가까이 있음을 어쩔 수 없이 알게 될 것이다.

　저자는 문명의 붕괴를 연구하면서 이런 결론을 내놓았다(전혀 새로운 발견은 아니다!). 확실하게 붕괴했다고 알려진 모든

문명에서, 그 붕괴의 성격을 분석하고 그 사태의 발생을 설명할
수 있는 한, 붕괴의 가장 가까운 원인은 전쟁이었음이 입증되었
다는 것이다. 문명의 시대에 인류를 괴롭힌 재앙 같은 제도가 전
쟁이 전부는 아니었다. 인류가 스스로에게 가한 천형 중의 한 예
로 언뜻 떠오르는 것은 노예제이다. 그러나 노예제와 신분제, 계
급 충돌, 경제적 불공정, 여타 원죄의 응보를 보여주는 여러 가지
사회적 징후가 인간이 스스로를 고문하는 도구의 역할을 수행했
다고 해도, 역사의 특정 시기 동안 인간의 사회적, 정신적 자기
파멸을 초래한 주된 동력으로 전쟁만큼 두드러진 것은 없다. 인
간은 이제야 서서히 그 점을 제대로 알아보기 시작한다.

이미 알고 있는 문명 붕괴를 비교하여 고찰하면, 사회의 붕괴
는 전쟁이라는 제도가 핵심적인 역할을 하는 비극임이 드러난
다. 과연 전쟁은 문명의 자식이었다. 전쟁 수행의 가능성은 최
소한의 기술과 조직을, 그리고 최소한의 생계에 필요한 것을 넘
어서는 부의 잉여를 전제로 하기 때문이다. 이러한 전쟁의 동력
을 원시인은 갖추지 못했다. 반면 우리가 기원을 추적할 수 있
는 모든 문명에서 전쟁은 문명의 가장 이른 단계부터 이미 확고
하게 정착된 지배적 제도였다(오늘날까지도 단편적인 정보만
남아 있는 마야 문명만이 예외일 수 있다).

다른 폐해와 마찬가지로, 전쟁도 용납할 수 있는 일처럼 보이
는 음험한 재주를 지니고 있다. 전쟁에 탐닉하는 자들은 전쟁의

치명성이 명백하게 드러나서 더는 그 마수로부터 벗어날 수 없을 정도로 삶이 옥죄일 때까지는 전쟁을 참을 만한 것으로 여긴다. 문명 발전의 초기 단계에서는 고통과 파멸이라는 전쟁의 비용보다 부와 세력의 획득과 '군사적 덕목'의 수련에서 생기는 이익이 더 크게 보일 수 있다. 이 단계의 역사에서 국가들은 종종 전쟁을 즐겨도 된다고 판단했다. 패배해도 크게 해를 입지 않았기 때문이다. 전쟁하는 사회가 자연을 이용하는 경제적인 능력과 '인력'을 조직하는 정치적인 능력을 키우기 시작할 때까지 전쟁은 그 해로움을 드러내지 않는다. 그러나 이런 일이 일어나자마자, 성장하는 사회가 오래 전부터 모셨던 전쟁의 신은 몰록(Moloch)•으로 드러난다. 전쟁은 인간의 목숨과 행복을 점점 더 많이 빼앗으면서 인간의 산업과 지성의 열매를 더욱 게걸스럽게 삼켜버렸다. 그리고 사회가 그 에너지와 자원의 치사량을 군사적인 목적에 쓸 수 있는 지점까지 효율성을 높이면, 전쟁은 희생자에게 치명적일 수밖에 없는 암으로 드러난다. 희생자는 그것을 잘라내야 하지만, 악성 암 조직은 벌써 먹잇감인 건강한 조직보다 더 빠르게 성장하는 법을 배웠다.

과거에, 전쟁과 문명 간 관계의 역사에서 이렇게 위험한 시점에 도달하고 그 사실이 인식되었을 때, 시의적절하게 전쟁을 없

• 희생을 요구하는 셈족의 신.

애고 사회를 구하려는 진지한 노력이 때때로 있었다. 그리고 이러한 노력은 두 가지 방향 중에서 하나를 취하는 경향을 보였다. 구원은 당연히 개별 인간의 양심이 작동해야만 찾아올 수 있다. 그러나 개인은 목적을 달성하려고 노력할 때 사사로운 인간으로서 직접 행동에 의지하거나, 국가의 시민으로서 간접 행동에 의지할 수 있다. 어떤 상황에서 어떤 목적으로 수행하는 것이든 조국의 모든 전쟁에 관여하기를 개인적으로 거부한다면, 이는 열렬한 자기희생적 성격에 호소하기 마련인 전쟁 제도를 공격하는 것이다. 이에 비해, 각국 정부를 설득하여 공동으로 공격에 저항하고 공격을 자극하는 요인을 사전에 제거하려고 하는 대안적인 평화 전략은 그 문제에 대한 우회적이고 비영웅적인 공격이라고 할 수 있다. 저자의 견해에 따르면, 오늘날까지의 경험은 이 두 가지의 힘든 길 중에서 두 번째가 확실히 훨씬 더 유망함을 보여준다.

평화주의자들의 행동이 효과적인 것으로 입증될 수 있는 한, 그 첫 번째 효과는 평화주의가 상당히 강력한 정치 세력으로 존재하는 나라들을 평화주의가 무기력한 세력인 나라들의 처분에 내맡기는 것이리라. 평화주의 전략을 가로막는 가장 확실한 장애물은 평화주의자들이 직시해야 하는 이러한 가능성이다. 그리고 이 이야기의 첫 장에 나오듯이 그러한 효과 덕분에 가장 미개한 군사 국가들 중에서도 가장 악랄한 정부들이 세계의 지배자가 될 수 있었다. 이러한 가능성을 직시하고 그 즉각적인 귀결을 감수하려면 성인(聖人)에게서는 드러났지만 군중 속의 보통 사람들에게서는 결코 찾아볼 수 없었던 능동적인 예지력과 수동적인 영웅적 자질이 필요하다. 물론 종종 사람들은 희생자인 자신에 비해서 잔인하고 야만적인 정복자들에게 억압당하는 고통과 슬픔을 집단적으로 감수했다. 그런 방식으로 1940년에 세상은 히틀러의 악마 같은 정신이 깃든 나치 독일의 지배에 거의 굴복할 뻔했다. 그러나 '유화' 시기*의 프랑스와 영국에, 그리고 이후 비시 정부의 프랑스에 널리 퍼진 분위기를 떠올리기만 해도 진실을 깨달을 수 있다. 군사적 공격에 맞서서 자기 방어를 위해서 무력으로 저항하기를 집단적으로 거부한 동기 중에서 전쟁이라는 죄를 저지르기를 두려워한 성인의 사심 없는 공포보다는, 전쟁이 강요하는 피와 눈물로 끔찍한 대가를 치러야 한다는 데에 대한 보통 인간의 자연스러운 반감이 더 중요하다는 진실을.

이러한 대가를 기꺼이 치르겠다는 태도가 전쟁 수행에 없어서는 안 될 이른바 '군사적 덕목'의 뿌리이다. '군사적 덕목'이 없었다면, 이 사악한 제도는 분명코 문명화 과정에 있는 사회에서 대다수 인간의 여론과 감정으로부터 결코 용서받지 못했을

---

* 히틀러를 달래던 시기.

것이다(최근까지도 용서받았다). 물론 '군사적 덕목'이라는 관습적인 용어는 오해를 불러일으킨다. 전쟁에서 드러난 모든 덕목은 인간의 다른 형태의 만남과 교류에서도 무제한으로 발현될 여지가 있지만, 이러한 덕목이 군인에 의해서 발휘될 때에는 불행하게도 종종 잔인함과 탐욕, 여타 여러 악행의 동시적 발현과 양립할 수 있는 것으로 입증되었다. 폭력을 쓰는 전사와 폭력을 삼가는 성자가 덕의 경쟁을 벌일 때, 성자는 오늘 도덕적 승리를 거둘 것이고 그 실질적인 열매는 내일 열릴 것이다. 그러나 불운하게도 평화주의 대 전쟁이라는 드라마의 전형적인 등장인물은 정의로움이라는 같은 갑옷을 입은 전사와 성자가 아니다. 그 주역은 (고결하든 사악하든) 사지와 목숨을 내놓을 용기를 지닌 전사와 고생과 위험을 피해서 달아나는 보통 사람들이다. 1939년과 1940년에 우리 자신에게서 발견했듯이, 죄를 저지른다는 두려움이 아니라 인간 본성에 공통된 의지박약 때문에 전쟁을 꺼리게 되는 비영웅적 인물은, 자신이 성자의 반열에 오를 수 없음을 안다면 어쨌거나 전사의 수준에 오르려고 애쓰는 것이 더 낫다.

1914-1918년과 1939-1945년 두 차례의 세계대전에서 비공격적인 국민들이 전사의 수준에 오름으로써 실로 전쟁의 중추적인 덕목을 효과적으로 수행했고, 그로써 군사주의 제국이 오래 준비한 세계 정복의 기도를 두 차례 무산시켰다. 그리고 그

들은 피와 눈물로 연속해서 승리함으로써 세계 정복자가 강요한 '세계 평화(Pax Oecumenica)'에 굴복하는 것보다 더 나은 방법으로 우리 사회에 전쟁을 없앨 기회를 두 차례 가져다주었다. 두 번의 기회 중에서 첫 번째는 날려버렸다. 제2차 세계대전은 마음과 정신의 이 말도 안 되는 잘못 때문에 받은 형벌이었다. 두 번째 기회는 지금 우리의 손에 있다. 우리는 그 기회를 잡을 것인가? 상황이 명백히 요구하는 것은 전 세계의 평화를 사랑하는 국민들이 충분한 힘과 응집력으로 자발적으로 연합하여 그들의 집단안보 협정을 거부하거나 깨뜨리는 자들의 공격을 막는 것이다. 이와 같이 평화를 지키는 세계적인 조직은 그에 대한 공격을 무산시킬 만큼 충분히 압도적인 힘을 지녀야 할 뿐만 아니라, 그 권위에 도전하는 모든 도발을 피하기 위해서 힘을 쓸 때에 충분히 정당하고 현명해야 한다.

이는 비록 엄청난 과제이지만 우리의 능력 밖의 일은 아니다. 인류에게는 과거에 주권 국가들이 서로 자발적으로 결합하여 성공적으로 동맹을 이룬 역사가 있다. 이는 우리가 지금 요구되는 거대한 정치적 건설의 위업을 성취할 경험과 기술을 갖추고 있음을 보증한다. 의지가 있다면 길은 있다. 우리의 운명은 우리의 손 안에 있다.

1950년 6월, 런던

아널드 J. 토인비

편집자 서문

아널드 토인비는 여섯 권짜리 책『역사의 연구』에서 이따금씩
만 예언자의 역할을 떠맡아 동료 인간들에게 그 행동의 중대한
귀결을 지적하고 완고한 태도를 뉘우치라고 호소한다. 그렇게
여기저기 흩어진 부분들을 발췌해서 현대인의 삶 속의 전쟁이
라는 하나의 문제로 이어 맞추면, 토인비의 예언자적 역할이 온
전히, 설득력 있게 드러난다. 여기서 토인비는 고조되는 군사주
의의 위협에 직면한 국민들의 현 상황을 과거라는 긴 시각에서
고찰하는데, 그가 이들에 관해서 말하는 것은 지극히 생생하며
우리 모두의 마음에 깊이 사무친다. 토인비의 서술은 우리를 혼
란스럽게 하며 실로 그러한 의도를 지니고 있다. 또한 정치인,
군인, 교사, 평화주의자의 마음을 휘저어서 전쟁의 문제를 새로
운 관점에서 생각하게 한다. 개인과 마찬가지로 국민도 마지막
순간에 구원받을 수 있으며 삶이 지속되는 한 그들에게 기회가
있다고 믿는 토인비는 이렇게 말한다. "신이 일찍이 우리 사회

15

에 허락한 집행유예를 우리가 절망에 빠져서 회개하는 마음으로 재차 갈구한다면, 신은 이를 물리치지 않을 것이라고 우리는 기도할 수 있고 기도해야만 한다."

인류가 획득한 문명이라는 고지는 군사주의라는 천형에 다시금 휩쓸리고 있다. 우리가 여전히 전쟁이라는 간악한 술책을 신뢰하기 때문이다. 우리 앞에는 더 높은 고지가 있다. 사도 바울은 초기 기독교도를 이렇게 안심시켰다. "비록 우리가 속된 세상에서 살고 있기는 하지만 속된 싸움을 하고 있는 것은 아닙니다(우리는 세속의 무기를 가지고 싸우는 것이 아니라 아무리 견고한 성이라도 무너뜨릴 수 있는 하느님의 강한 무기를 가지고 싸우는 것입니다)."• 그러나 우리 뒤에는 더 낮은 곳도 있다. 그리고 토인비는 우리 사회가 공격적인 성향을 억누르지 못하면 차라리 그 속된 전쟁의 기술을 실행하는 것이 한층 더 심한 악의 침입에 집을 내어주는 것보다 나음을 깨닫는다. 토인비는 현대의 전쟁에 숨어 있거나 드러나 있는 모든 공포를 역사가의 시선으로 태연하게 바라보기는 하지만 전쟁 자체보다 사회의 해체를 더 두려워해야 한다고 이해한다. 둘 중에서 불가피하게 하나를 선택해야 한다면, 그는 전쟁을 차악으로 고를 것이다.

• 공동번역 「고린토인에게 보낸 둘째 편지」 제10장 3-4절. 성서 원문을 인용한 경우 공동번역 성서를 참조했다.

군사주의에 맞선 필사적인 싸움에서 현재 우리의 처지가 불안정하다는 점을 거의 아무도 모르지만 토인비는 알고 있다. 우리가 전방의 새로운 고지를 차지해야만 궁극적으로 승리할 수 있다는 사실을 토인비는 완벽하게 의식하고 있다. 그러나 그는 과거를 주시하지 못할 정도로 미래에 몰두해 있지는 않다. 문명의 인간들은 애써 혼란스러운 과거로부터 벗어났지만 자칫 잘못하면 다시 그 혼란에 빠질 수 있다. 토인비는 이 점에 유념하지 못할 정도로 전방의 다음 단계에 열중해 있는 것이 결코 아니다. 토인비는 인간의 숨겨진 존재방식을 꿰뚫어보는 통찰력을 지녔기 때문에 한 국민이나 개인이 세속의 것이 아닌 무기로, 그 무기를 쓰기 위한 필수적인 기본 작업이나 훈련이 완료되기 전에 새로운 전쟁을 시도한다면, 그 국민이나 개인은 육신으로써 수행한 옛 전쟁보다 한층 더 끔찍한 재난을 끌어들일 정신적 진공을 초래할 것임을 확신했다. 토인비는 이렇게 믿고 있다. 오늘날의 국가들은 과거 그 어느 때보다도 군사주의의 자살과도 같은 귀결을 미리 알고 있기 때문에 전쟁에 호소하지 않고 갈등을 해결할 방법을 찾아낼 때까지 군사주의를 저지할 수단을 가지고 있다고.

앨버트 V. 파울러

제1장

전쟁에 빠진
오늘날의 세계

우리 세대는 선조와 달리 '세계 평화(Pax Oecumenica)'가 긴요하다는 점을 절감하고 있다. 우리는 이 일을 해결하지 않은 채 내버려두면 파멸이 덮칠 수 있다는 두려움에 나날이 시달리고 있다. 앞날에 드리운 이 공포의 그림자 때문에 정신적인 마비에 빠져 일상의 평범한 일에서도 영향을 받고 있다고 말해도 전혀 과장이 아닐 것이다. 그리고 우리가 이 공포에 대면할 용기를 이끌어낼 수 있다면, 그것을 얕보듯이 단순한 공포증으로만 치부할 수는 없을 것이다. 이 공포가 고통스러운 것은 그것이 합리적인 근거에서 비롯한다는 부정할 수 없는 사실에 있다.

우리는 가까운 미래를 끔찍하게 두려워한다. 최근의 과거에서 오싹한 경험을 했기 때문이다. 그리고 이 경험이 우리의 정신에 남긴 교훈은 실로 섬뜩하다. 우리 세대는 고통을 통해서 두 가지 쓰라린 진실을 배웠다. 첫 번째 진실은 전쟁이라는 제도가 서구 사회에서 여전히 매우 강력한 힘을 발휘하고 있다는 것이다. 두 번째 진실은 작금의 기술적, 사회적 조건에서 서구 세계에 전쟁이 일어난다면 그것은 필시 공멸의 전쟁이 되리라는 것이다. 우리는 두 차례의 세계대전을 경험하며 이러한 진실을 깨달았다. 그러나 이 전쟁에서 가장 불길했던 것은 그 참화가 고립적이지 않았고 전례가 없지도 않았다는 사실이다. 두 전쟁은 일련의 연속된 전쟁이었다. 그리고 전 과정을 총체적인 관점에서 보면 두 전쟁이 연속이었을 뿐만 아니라 일종의 진전이기도 했음을 우리는 알아챌 수 있다. 서구의 최근 역사를 보면 전쟁에는 더 강도 높은 전쟁이 뒤따랐다. 지금에 와서 보면 제2차 세계대전이 이 점강 운동의 절정이 아니었음은 분명하다. 전쟁이 연이어 계속된다면, 그 진전은 의심의 여지없이 한층 더 대단한 종말로 이어질 것이며, 결국 전쟁의 공포를 키우는 이 과정은 언젠가 전쟁하는 사회의 자멸로 끝날 것이다.

이제 우리는 강도를 더해가는 일련의 서구 전쟁들(1939-1945년의 전쟁이 최근의 전쟁이지만 필시 마지막 전쟁은 아닐 것이다)이 우리가 앞서서 다른 맥락에서 고찰한 두 이야기 중의 하나임을 떠올릴 수 있다. 앞에서 이른바 '근대' 서구 전쟁의 역사를 두 차례의 대결로 분석할 수 있다고 말했다. 그 두 대결은 막간의 소강상태에 의해서 연대기적으로 서로 분리되며 또한 적대 행위의 목적(아니면 어쨌거나 그 핑계)에서 드러나는 차이에 의해서 질적으로 서로 구분된다. 첫 번째 대결은 종교전쟁(War of Religion)으로, 16세기에 시작해서 17세기에 끝났다. 두 번째 대결은 민족주의 전쟁(War of Nationality)으로 18세기에 시작했고 20세기에 들어선 지금도 골칫거리이다. 이 모진 종교 전쟁들과 민족주의 전쟁들은 '왕들의 스포츠'로서 치러진 온건한 막간으로 분리되었다. 확실히 이 막간은 유럽 대륙에서는 1648년 30년전쟁의 종결 때까지, 영국에서는 1660년 잉글랜드 왕정복고 때까지 시작되지 않았다. 그 소강상태가 1775-1783년 미국의 독립전쟁 이후까지 이어졌느냐는 질문에는 확답을 줄 수 없다고 해도 그것이 1792년의 프랑스 혁명전쟁의 발발을 넘어 지속되지 않았음은 분명하다. 좀더 엄밀하게 계산할 경우, 1731-1732년 가톨릭 대주교령 잘츠부르크에서 프로테스탄트 소수파가 추방된 것을 서유럽에서 일어난 종교 박해의 마지막 적극적인 조치로 보고, 1755년 아카디아에서 프랑스인 주민들이 쫓겨난 것을 북아메리카에서 민족을 위한 박해의 첫 번째 적극적인 조치로 본다면, 18세기의 온건한 '황금기'를 1732년에서 1755년 사이로 한정할 수 있을 것이다. 어쨌든 이 막간은 명백하게 확인할 수 있다. 그리고 연대기상의 형식적인 경계 설정을 위한 기준으로 어느 날짜를 선택하든, 이 연극은 같은 순서의 동일한 세 개의 막으로 펼쳐질 것이며, 세 개 막의 연속은 동일한 줄거리를 보여줄 것이다. 겉으로 드러나 보이는 시간표가 아니라 이 밑바탕의 줄거리가 현재 우리의 논점에 중요한 특징이다. 두 차례의 잔혹한 전쟁과 그 중간에 보통 수준의 전쟁이 끼어든 이 세 막짜리 연극의 줄거리에서, 붕괴에 뒤이은 '고난의 시절(Time of Troubles)'의 특징이 드러나는, 숨 돌릴 여유로 분리되는 두 차례 경련의 유형을 식별할 수 있지 않을까? 서구 세계의 근대사가 보여주는 그림을 이러한 관점에서 면밀히 검토하면, 어쨌거나 이러한 유형이 완벽하게 들어맞는다는 것을 알게 될 것이다.

16세기 종교전쟁의 발발을 사회 붕괴의 증후로 취할 수 있다면, 그때 이래로 해체의 길에 들어선 서구 사회의 첫 번째 회복은 17세기에 우세를 차지하여 종교전쟁을 끝낸 종교적 관용 운동에서 볼 수 있다. 이렇게 종교 영역에서 '관용의 원리'가 승리하면서 병든 서구 세계는 그 죽음의 발작의 첫 번째 경련과 두 번째 경련 사이에 고맙게도 숨 돌릴 여유를 제공한 온건한 막간을 여러 세대 동안 누릴 수 있었다. 그리고 우리가 안도는 영원하지 않고 다만 일시적이었을 뿐이라는 사실을 알게 되고 그 이유를 캐물을 때, 이 유형은 다시 적중한다. 해체 과정의 순환을 경험적으로 연구하면 회복이 재발에 밀려나는 것을 볼 것으로 예상되기 때문이다. 또한 이 단조롭게 반복되는 실패의 이야기가 각각의 경우에 회복을 무산시킨 몇몇 특정한 약점으로 설명될 수 있음을 알아내게 될 것으로 예상된다. 이러한 예상이 서구의 적절한 사례에서 실현되는가? 이 경우에도 회복 실패의 이유는 실패했다는 사실만큼이나 명확하다고 답변할 수밖에 없다. 서구 근대 사회의 관용의 원리는 결국 구원을 가져오지 못했다.

24

그 안에 활력이 없었기 때문이다(그렇다고 실토해야 한다). 그 수태와 탄생을 관장한 정신은 믿음과 희망, 자선이 아니라 환멸과 걱정, 그리고 냉소였다. 그 추진력은 긍정적인 것이 아니라 부정적인 것이었다. 그 씨앗이 뿌려진 땅은 불모지였다.

> 어떤 것은 흙이 많지 않은 돌밭에 떨어졌다. 싹은 곧 나왔
> 지만 흙이 깊지 않아서 해가 뜨자 타버려 뿌리도 붙이지
> 못한 채 말랐다.
>
> ──「마태오의 복음서」 제13장 5-6절

'관용의 원리'는 종교적 광기의 작열하는 태양이 스스로를 태워서 먼지와 재로 변했을 때에 예기치 않게 근대 서구 기독교 세계의 자갈밭을 갑자기 신선하고 푸르른 곡식밭으로 만들었지만, 역시 예기치 않게, 똑같이 돌연 시들어 죽었다. 민족주의의 광기라는 더 뜨거운 태양이 폭발하여 창공을 태웠기 때문이다. 20세기에 들어선 후 17세기의 관용은 능란한 악마에 무조건 항복하고 있다. 그 맹공에 저항하는 것은 불가능한 것으로 입증되었다. 그리고 이 재앙 같은 무기력의 원인은 분명하다.

믿음에 뿌리를 내리지 못한 관용은 서구인들의 마음을 계속 장악하지 못했다. 인간 본성이 정신적 진공을 몹시 싫어하기 때문이다. 부정한 정신이 빠져나간 어느 집이 말끔히 치워지고 멋

지게 장식된 채로 텅 비어 있다면, 일시적으로 내쫓긴 점유자가 조만간 그 자신보다 더 사악한 다른 정신들을 이끌고 다시 들어올 것이며, 그 자의 마지막 상태는 처음의 상태보다 더 나쁠 것이다. 민족주의 전쟁은 종교전쟁보다 더 위험했다. 적대 행위의 목적(또는 핑계)에 숭고함과 고귀함이 덜했기 때문이다. 빵을 청했는데 돌멩이를 받은 굶주린 영혼들은 지나가던 길에 처음으로 마주치는 썩은 고기를 주저 없이 게걸스럽게 먹어치움으로써 배고픔을 면하려고 할 것이다. 돌멩이를 준 자가 하늘이 내려준 썩은 고기는 해롭다고 경고해도 이들을 막지는 못할 것이다. 조만간 쓰라린 고통이 썩은 고기를 먹은 불쌍한 인간들의 창자를 공격해도, 이들은 죽음이 탐욕을 끝낼 때까지는 조금도 줄지 않은 식욕으로 부패한 고기로 계속 잔치를 벌일 것이다. 예를 하나 들어보자. 일찍이 시칠리아에서 패주한 아테네 군대가 건조한 지대를 걸어서 통과하며 쉴 곳을 찾았다. 그러나 쉴 곳을 발견하지 못하자 갈증에 정신이 나가 아시나로 강에서 부주의하게 강물을 들이켰고, 그때 강둑에 있던 적이 화살을 쏘았다. 강물은 물을 마시며 죽어가는 병사들에 앞서서 학살당한 동료들의 피로 붉게 물들어 흘렀다.•

• 아시나로 강은 시칠리아에 있는 강이다. 고대 그리스어로는 아시나로스이다. 펠로폰네소스 전쟁 중인 기원전 413년, 아테네 원정군이 퇴각하다가 이 강가에서 궤멸되었다.

서구의 근대사가 해체되는 사회의 '고난의 시절'의 유형에 일치하는 또다른 지점이 있다. 이것이 아마 이 모든 일치점들 중에서 가장 놀라운 것이리라. 역사를 고찰한 결과, 일반적으로 중간의 숨 돌릴 여유에 뒤이은 경련이 그에 앞선 경련보다 더 광포하다는 사실이 밝혀졌다. 민족주의 전쟁을 서구 사회가 일으킨 발작의 두 번째 경련으로, 종교전쟁을 첫 번째 경련으로 취한다면, 이 법칙의 사례를 서구 사회에서 확실하게 찾을 수 있다.

잔혹했던 그 첫 번째 경련의 서구 전쟁을 치른 우리의 선조들은 파멸을 초래하려는 의지에서는 누구에게도 뒤지지 않았을지 모른다. 그러나 불행하게도 지금 우리의 자녀들과 우리 자신에게는 마음대로 쓸 수 있는 수단이 있지만, 다행스럽게도 그들과 그 후손들에게는 그러한 수단이 없었다. 종교전쟁은 확실히 서구 기독교 세계가 여전히 의심의 여지없이 성장하고 있던 이전 시대의 서구 전쟁보다 훨씬 더 나빴다. 증오심에서도, 자원의 사용에서도, 이러한 자원을 이용할 기술적 능력에서도 그랬다. 종교전쟁에 앞서서 화약의 발명이 있었고, 적어도 물질적 차원에서는 서구 사회의 범위를 유라시아 대륙의 좁은 구석에서 지구 표면의 항해 가능한 모든 바다의 배후지로 확장한 발견의 항해가 있었다. 테노치티틀란과 쿠스코의 보고에 쌓여 있던 금은은, 에스파냐의 '콩키스타도르들'이 중앙 아메리카와 안데스 세계를 발견하고 점령하고 샅샅이 뒤진 후, 종국에는 종교전쟁 때 유럽의 전장에서 싸운 용병들에게 지급하는 급여로 쓰였다. 알렉산드로스의 위업을 통해서 헬레니즘 세계가 지리적으로 팽창한 뒤, 아케메네스 왕조 페르시아 제국의 정책에 따라서 엑바타나와 수사에 쌓인 보물이 알렉산드로스의 장군들과 그 후손들의 전쟁 때에 그리스의 전장에서 싸운 용병들의 손아귀에 떨어진 것과 마찬가지이다. 이렇게 서구 군주들의 귀금속 공급량이 갑자기 막대하게 증가하여 16세기와 17세기의 서구 세계에서 유지된 용병은 알프스 이북 서유럽의 봉건적 군대에 비해서 숫자가 더 많았다. 게다가 그들은 더욱 강력히 무장했고, 더욱 나빴던 것인바 이제 일반적으로 군사적 대항자일 뿐만 아니라 상대편의 눈으로 보면 종교적인 이단자이기도 한 적군에 더욱 사납게 분노했다. 성왕 루이와 신성 로마 제국의 황제 프리드리히 2세가 살아 돌아와 16세기와 17세기의 서구 전쟁을 목격했다면 이러한 여러 원인들이 결합하여 종교전쟁에 불어넣은 전례 없는 폭력에 분명코 큰 충격에 빠졌을 것이다.[•] 그러나 또한 알바 공작과 스웨덴의 구스타브 2세 아돌프가 환생하여 종교전쟁에 뒤이은 민족주의 전쟁을 목격했다면 그들도 똑같이 충격을 받

• 성왕 루이라고 불리는 프랑스의 왕 루이 9세와 신성 로마 제국의 황제 프리드리히 2세는 13세기에 재위했다.

앉으리라고 확신을 가지고 추정할 수 있을 것이다.* 18세기에 시작하여 20세기에도 아직 끝나지 않은 이 두 번째 경련의 잔혹한 서구 전쟁은 민주주의와 산업주의라는 두 가지 힘의 어마어마한 동력에 의해서 미증유의 잔혹함에 빠져들었다. 서구 세계가 지구 표면 전체와 현 세대 인류 전체를 그 안에 통합하는 엄청난 위업을 사실상 완료한 이 근래의 시기에, 민주주의와 산업주의는 서구 세계의 전쟁 제도 안으로 들어왔다. 최근 우리의 상태는 처음보다 더 나쁘다. 왜냐하면 이 방대하게 확장된 집에서 17세기와 16세기 선조들을 괴롭힌 것보다 더욱 무서운 악마에 씌었기 때문이다.

이 악마들이 말끔히 치워지고 멋지게 장식된 채로 텅 비어 있는 우리의 집에 기거하면서 우리를 결국 자살로 내몰 것인가? 서구 문명의 근대사와 다른 문명의 '고난의 시절' 사이의 유사성을 연대기상의 시점으로 연장하면, 16세기 어느 시점에 시작된 것으로 보이는 서구의 '고난의 시절'이 20세기 어느 시점에 끝난다고 예상할 수 있다. 그리고 이 전망에 우리가 전율하는 것도 당연하다. 다른 경우에 '고난의 시절'을 끝내고 '세계 국가(universal state)'의 시대를 알린 웅대한 대단원은 스스로 자

• 신성 로마 제국의 네덜란드 총독으로 신교도를 탄압한 알바 공작과 30년전쟁에 참전한 뛰어난 군사 지도자이자 스웨덴의 왕이었던 구스타브 2세는 종교전쟁 시대의 사람들이다.

초한 '통렬한 일격'이었고 자신에게 해를 가한 이 사회는 이로부터 결코 회복되지 못했기 때문이다. 우리도 이렇게 지독한 대가를 치르고 '세계 평화'를 얻어야 하나? 이는 우리가 답할 수 있는 질문이 아니다. 사멸한 문명의 운명이 해독되지 않은 문자나 말 없는 유물을 유일한 실마리로 가지고 있는 학자들에게 모호한 만큼이나, 현존 문명의 운명은 그 살아 있는 구성원들에게 모호하다. 우리의 종말이 가까이 왔다고 분명하게 말할 수 없다. 그러나 그렇지 않다고 추정할 근거도 없다. 이는 우리가 다른 사람들과 다르다고 가정하는 꼴이기 때문이다. 그리고 그러한 추정은 우리가 주변을 돌아보거나 자기 내면을 성찰함으로써 인간 본성에 관해 알 수 있는 모든 것과 모순될 것이다.

이 언짢은 의심은 피할 수 없는 도전이다. 우리의 운명은 우리의 대응에 달렸다.

> 꿈을 꾸었다. 어떤 곳에 누더기를 입은 남자가 서 있었다.
> 자기 집에서 얼굴을 내밀고 있는데, 손에는 책이 들려 있고
> 등에는 큰 짐을 지고 있었다. 내가 보니 그는 책을 펼쳐 읽
> 었다. 책을 읽으며 전율했다. 더는 참을 수 없기 때문에 그
> 는 갑자기 소리를 지르면서 한탄의 말을 내뱉었다. "나는
> 어떻게 해야 하는가?"
>
> —『천로역정(The Pilgrim's Progress)』 중에서

기독교도가 그토록 심히 비탄에 빠진 데에는 정당한 이유가 있다.

우리의 이 도시가 하늘에서 내려온 불에 타버릴 것이라고 (그가 그렇게 말했다) 나는 확실히 들었다. 불쌍하게도 그 무서운 파괴로 나와 나의 아내, 나의 소중한 아이들은 파멸할 것이다. 다만 이를 피할 방법이(나는 아직 보지 못한다) 발견되어 구원을 받을 수 있을지도 모르겠다.

—『천로역정』 중에서

기독교도는 이 도전에 어떻게 대응할 것인가? 마치 내달릴 듯이 이쪽저쪽을 바라보면서도 어느 쪽으로 가야 할지 알 수 없다는 이유로 그저 가만히 서 있을 것인가? 하늘에서 떨어진 불이 지체 없이 파멸의 도시를 엄습하고 그 가련하고 우유부단한 인간이 심히 애석하게도 예감하기는 했으나 다가올 진노에서 벗어날 수 있을 정도까지는 아니었던 파국 속에 죽을 때까지? 아니면 밝게 빛나는 빛에 두 눈을 주시하고 멀리 떨어진 작은 쪽문을 향해서 "삶! 삶! 영원한 삶!"이라고 외치며 뛰어갈 것인가? 이 질문에 대한 답변이 다름 아닌 기독교인 자신에게만 달려 있다면, 우리는 인간 본성이 동일함을 알고 있기 때문에 기독교도의 임박한 운명은 삶이 아니라 죽음이라고 예측하기가 쉬울 것이다. 그러나 이 신화의 고전적인 해석에서 인간이라는 주인공은 그 운명의 결정적인 시간에 전적으로 그 자신의 능력에만 내맡겨지지 않았다. 존 버니언에 따르면, 기독교도는 전도자를 만나서 구원을 받았다. 그리고 신의 본성이 인간의 본성보다 덜 항구적이라고 가정할 수 없는 한, "신이 일찍이 우리 사회에 허락한 집행유예를 우리가 절망에 빠져 회개하는 마음으로 재차 갈구한다면, 신은 이를 물리치지 않을 것이라고 우리는 기도할 수 있고 기도해야만 한다."

제2장

군사주의와
군사적 덕목

군사주의가 자살과 같다는 것은 제정신을 지닌 사람이라면 누구도 논박하지 않을 명제이다. 그러나 이 명제가 거의 자명한 이치라고 해도 전쟁이라는 제도가 제기하는 도덕적 문제의 해법을 제공할 것 같지는 않다. 실제로 군사주의라는 낱말 자체는 군사력을 사용하는 자멸적이고 사악한 길이, 본질적으로는 명백하게 해악으로 입증되지 않은 그 제도의 유일한 길이 아니라 그것의 악용임을 뜻한다. 그 제도가 터무니없이 남용된다는 뜻에서의 악용이다(악용을 대신할 특별한 용어를 만들어야 한다).

전쟁은 본래 그 자체로 돌이킬 수 없는 해악인가? 역사 연구자라면, 우리 세대 서구 사회의 일원이라면 누구도 회피할 수 없는 질문이다. 우리 문명의 운명이 걸려 있는 결정적인 질문이기 때문이다. 이 문제를 붙들고 씨름할 때가 왔다. 그러나 정식으로 맞붙기 전에 모든 어려움을 다 감안하고 있는지 확실히 해두어야 한다.

물론 '군사적 덕목'은 분명하게 존재하며 중요하다는 사실이 큰 어려움이다. 군사적 덕목은 조금씩 가치를 깎아내리거나 간단히 설명하고 넘어갈 수 없는 대단한 사실로 우리에게 다가온다. 전투적인 민족이나 신분, 계급이 제 목숨을 걸고 남의 목숨을 취하는 일을 수반하지 않는 직업으로 생계를 꾸리는 그들의 이웃보다 더 큰 찬탄을 받는 일은 일반적인 사회학적 관찰에서 흔히 볼 수 있다. 적어도 지난 200년 동안 명예를 알고 동료 인간을 배려하며 동물을 사랑하는(물론 스포츠 삼아서 동물을 즐겨 죽이기는 한다!) 구식의 영국 육군과 해군의 장교는 서구 기독교 문명이 낳은 영국 최고의 소산으로 존중받았다. 이러한 칭찬을 순진하다거나 속물적이라고 경멸할 수는 없다. 선입견 없이 진지하게 들여다보면, 칭찬을 받을 만하다는 우리의 믿음이 옳다는 점이 확인될 것이다. '군사적 덕목'은 특정한 계급에만 속하는 것이 아니기 때문이다. 그것은 삶의 모든 영역에 존재하는 덕목이다. 가장 돋보이는 군사적 덕목인 용기는 인간이 보여줄 수 있는 모든 행동에서 기본적인 덕목이다. 또한 우리가 전설적인 대령이나 제독의 것이라고 생각하는 다른 덕목도 군인의 삶에서는 물론 민간인의 삶에서도 확실하게 통용되는 법정화폐와 같다. 뉴컴 대령*과 바야르 영주**, 사자심왕 리처드 1세

• 윌리엄 새커리가 1854년에 발표한 소설 『뉴컴 일가(The Newcomes)』에 나오는 주인공으로, 덕의 표상으로 이야기된다.
•• 피에르 테라유, 바야르의 영주인 프랑스 기사. "두려움을 모르고 흠잡을 데 없는 기사"로 알려져 있다.

와 롤랑, 올라프 트뤼그바손과 지그프리트, 레굴루스와 레오니다스, 파르탑 싱과 프리티라지, 잘랄앗딘 만코비르니와 압둘라 알바탈, 미나모토 요시쓰네와 캉유웨이. 얼마나 멋진 자들인가! 이들은 인류가 문명이라는 사업에 착수한 지난 5,000-6,000년 간의 역사적 경관에서 얼마나 큰 자리를 차지하고 있는가!

어제까지도 이러한 영웅들을 격려하고 오늘에도 여전히 우리로 하여금 그들을 찬미하게 하는 우리의 사회적 전통에 깃든 성향을 어떻게 할 것인가? '군사적 덕목'의 가치나 그것이 얻어낸 찬탄의 진실성을 이해하고자 한다면, 그 덕목을 원래의 사회적 환경 속에 두고 보도록 애써야 한다. 현재 우리가 던진 질문에 적합한 한 가지 특징적인 환경은 쉽게 눈에 들어온다. '군사적 덕목'은 사회적인 힘이 사람들의 마음속에서 비인간적인 자연의 힘과 뚜렷이 구분되지 않는 환경에서, 동시에 자연의 힘이 인간의 통제를 받지 않는 것이 당연하게 받아들여지는 환경에서 장려되고 찬탄을 받는다.

근대에 이르기까지 전쟁은 거의 보편적으로 그 자체로 변명이 필요 없는 것으로 여겨졌소. 사실 전쟁의 결점과 공포는 인식되었지만, 최악의 경우에도 전쟁은 필요악이요 재난, 신이 내린 천벌로, 역병과 마찬가지로 피할 수 없는 성격을 지닌 것으로 여겨졌지. 분명 바이킹이나 다른 공격적인 이웃에 위협당한 공동체가 전쟁을 바라보는 방법이 이와 같았을 것이오. 희생자의 시각에서 보면, 그러한 자들의 갑작스러운 침입과 메뚜기 떼나 병원균의 엄습 사이에는 원칙적으로 차이가 없소. 그러나 바로 그렇기 때문에 앨프리드 대왕이나 카롤루스 대제의 용맹함에 찬미와 경의를 표하는 것은 더욱 자연스럽소. 이들은 그러한 환경에서 재앙으로부터 백성을 보호할 수 있었기 때문이오. 특정 전쟁의 정당성을 주장하는 데에 이의를 제기할 수 있고 그 전쟁으로 인한 고초를 인정할 수도 있겠지만, 근대에 이르기까지 싸움은 줄곧 일상적인 일이었고 인간의 삶에 따라오는 사건이었소. 싸움을 없앤다는 것은 도저히 상상할 수 없었지. 이러한 상황에서, 전쟁을 찬양하는 사람은 거의 없었겠지만, 모두가 전사의 가치를 높게 평가했고 기꺼이 그의 지휘와 통제에 따랐소. 19세기에 이르기까지 군대는 신사에게 열린 거의 유일한 직업으로 여겨졌소. 신사는 곧 '아미저(armiger)'*였소.[1]

이러한 평을 전한 신사이자 학자인 사람은 같은 편지에서 이

• 무기를 들고 다니는 사람.
1. G. M.. Gathorne-Hardy, 저자에게 보낸 편지.

책의 저자에게 전쟁과 '스포츠'를 잘 설명하며 비교한다.

동물을 길들여서 가축으로 만들기 전인 선사시대에는 사냥
꾼이 식량 공급에서 매우 필수적인 기능을 수행했소. 불시
에 들이닥치는 야만인들에게 에워싸인 상황에서 전사도 똑
같이 삶을 더 참을 만한 것으로, 정의를 좀더 달성하기 쉬
운 것으로 만드는 데에 봉사했소. 최고로 훌륭한 사람들이
이러한 일에 애착을 가졌고, 이들의 업적은 정당하게 존중
을 받았으며, 동일한 유형의 인간이 그들의 자질과 재능을
물려받는 경향이 있었지. 그러나 이들의 기능은 점차 필요
성이 줄어들었소. 사냥꾼의 경우에 그가 수행한 기능은 완
전히 무용지물이 되었을 것이오.

이 비교는 많은 것을 설명해준다. 사냥의 경우에 원시적인 삶
의 수준에서 사회적으로 큰 가치가 있고 나아가 절대적으로 필
요한 일이었으나 비교적 쉽게 도달할 수 있는 초기의 경제적 발
전 단계에서는 의심의 여지없이 불필요한 것이 되었기 때문이
다. 이 단계에서 생계를 위한 사냥 활동은 대개는 점진적인 변
화 과정을 거쳐서 경제적으로 쓸모없는 '스포츠'로 바뀌었다.
이로부터 유추하여, 통제할 수 없는 적대 세력에 맞선 순전한
자기방어로서의 전쟁 행위가 사회적으로 불필요한 군사주의로

바뀌는 사회 발전의 단계를 상정할 수 있는가? 그렇다면 이로부터 유추하여, 행복한 전사의 순결한 용맹함과 경험상으로 구분할 수 있는 사악한 군사주의는, 전쟁이라는 제도가 더는 사회적으로 필요한 행위도 아니고 필요한 행위로 여겨지지도 않는 때에 전쟁을 위한 전쟁으로 정의할 수 있을 것이다.

서구 세계의 이른바 '근대' 국면에서 전쟁은 18세기의 소강상태 동안 사냥과 똑같이 골방에 처박혔다. 그 시기는 전쟁이 "왕들의 스포츠"로서만 유행하던 때였다. 사자심왕이나 바야르 영주의 갑주에서 벗어난 군사주의자라는 악명은, 칼 12세나 프리드리히 대왕의 삼각 모자에 단단히 들러붙은 악마의 기장이다. 그 시절 서구의 전장에서 스포츠를 즐긴 왕들은 의심의 여지없는 군사주의자였다. 그러나 훗날의 경험에 비추어보면, 프리드리히 대왕이나 그와 같은 부류의 왕들이 근대 서구 사회를 괴롭히는 군사주의의 가장 유해한 대표자는 아니었다고 그들에게 유리하게 말해야 한다. 예를 들면, 프리드리히 대왕은 훗날 프로이센의 군사주의자 헬무트 폰 몰트케의 펜에서 나온 고전적인 글귀에서 볼 수 있는 것처럼 전쟁을 찬미하려는 생각은 조금도 없었을 것이다.

영원한 평화는 꿈이다. 아름다운 꿈도 아니다. 전쟁은 신이 만든 우주의 질서(Weltordnung)를 구성하는 필수적인 부분

(ein Glied)이다. 전쟁에서는 인간의 심히 고귀한 덕목이 작동한다(entfalten sich). 용기와 극기, 의무에 충실함, 목숨까지도 기꺼이 바치려는 희생의 자세. 전쟁이 없었다면 세상은 물질주의에 빠졌을 것이다.

이 터무니없는 전쟁 찬가에는 프리드리히 대왕이 지녔을 법한 세련되고 철학적인 회의론과는 상당히 거리가 먼 격정과 열망과 원한의 분위기가 있다. 이렇게 심한 논조의 변화는 짐작컨대 프리드리히 대왕이 사망한 1786년과 헬무트 폰 몰트케가 블룬칠리에게 이 편지를 쓴 해 사이의 100년이 채 되지 않는 기간동안 서구 세계에 드리운 추세와 환경의 비교적 깊은 변화에 따른 영향일 것이다. 그러한 변화 중에서 이 정도로 중요한 것으로 두 가지에 주목할 수 있다.

18세기에 "왕들의 스포츠"로 계발된 전쟁은, 이 19세기 프로이센 군사주의자가 노인이었을 때 실제로 독특할 뿐만 아니라 서로 대립되기도 했던 두 가지 반응을 불러일으켰다. 두 반응모두 재미를 위해서 싸우는 것은 충격적이라는 공통의 가정에서 비롯되었다. 그러나 한 개혁파가 스포츠로 바뀐 악도 완전히폐지할 수 있고 폐지해야 한다는 견해를 취했던 반면, 다른 파벌은 중대한 목적을 위해서 감내할 수 있는 악이 아니라면 생기지도 않았을 것이라는 태도를 취했다. 따라서 18세기 왕들의 스포츠가 이의 없이 나쁜 평판을 받았을 때, 19세기 반전주의자들은 18세기의 하찮은 선배들보다 훨씬 더 강력한 폰 몰트케 유형의 19세기 군사주의자 무리에 맞서게 되었음을 깨달았다.

서로 대립한 19세기 '진보주의자들' 사이에서 18세기 전쟁 남용의 개혁을 둘러싸고 벌어진 싸움은 앞에서 인용한 폰 몰트케의 글귀에 담긴 논조를 설명해줄 것이다. 이 광시곡 같은 글에서 폰 몰트케는 당대의 반전주의자들에게 도전하고 있다.

하나의 제도가 오래 지속되면 그것에 찬성하는 본능적인 편견이 생기는데, 이런 편견을 충족시키기 위해 터무니없는 논거가 모색되거나 발명되는 것은 그 제도가 더는 필요해 보이지 않을 때라오. 동일한 원리가 사냥꾼의 스포츠에도 적용되지. 최근의 문헌에서 그것을 변호하는 가장 정교한 논리를 발견할 수 있을 것이오. 지금 도전을 받는 것은 앞선 시기에 당연한 것으로 받아들여졌기 때문이오.[2]

"왕들의 스포츠"를 폐지하려는 반전주의자들과 이를 국민의 진지한 사업으로 재전환하려는 군사주의자들 간의 다툼은 오늘날에 어떤 징조를 보여주는가? 우리 사회의 운명의 수수께끼가

---

2. G. M.. Gathorne-Hardy, 앞에서 인용한 편지.

될 수 있는 질문을 삼갈 수는 없다. 그러나 그 징조는, 우리가 그것을 해석해낼 수 있는 한, 현재로서는 안심을 주지 못한다. 우리 시대에 파시즘과 나치즘의 예언자들이 폰 몰트케의 도발적인 논지를 자신들의 기본적인 신조 중의 하나로 채택하고, 이 예언자들에 의해서 그 신념을 받아들인 대중이 그 논지를 열정적으로 수용한 것을 우리는 보았다.

무솔리니는 두 차례에 걸쳐서 파시스트의 군사주의적 신념을 정의했다. 1934년 이탈리아 군대의 작전이 끝날 때에 그는 이렇게 말했다. "우리는 군사적인 국민이 되어가고 있다. 점점 더 군사적인 국민이 될 것이다. 그것이 우리의 바람이기 때문이다. 덧붙이건대 군사주의적 국민이 될 것이다. 우리는 말을 두려워하지 않기 때문이다. 이 그림을 완성하자면, 전쟁 국민, 다시 말해서 복종과 희생, 조국에 대한 헌신이라는 덕목을 계속 더 강력히 부여받은 국민이 될 것이다." 그리고 『이탈리아 백과사전(*Enciclopedia Italiana*)』의 "파시즘의 신조" 항목에서 무솔리니는 이렇게 썼다. "전쟁만이 인간의 모든 에너지를 최고의 긴장 상태로 고조시키며 그것에 대면할 힘을 지닌 자들에게 고결한 인장을 찍는다."

삶에 대한 이 이른바 '영웅적인' 태도를 이 시기의 수많은 청년들이 두 팔을 벌려 환영했고 몹시 진지하게 받아들였다. 이 태도가 그들에게 매력적이었던 이유는 명확하다. 이 젊은이들은 '군사적 덕목' 형태의 가치를 갈망했다. 인간의 음식에 굶주리면 "돼지가 먹는 겨로 기꺼이 배를 채웠을" 돌아온 탕아처럼 다른 종류의 영혼의 양식에 굶주렸기 때문이다. 게다가 우리는 이 탕자들의 영적 음식이 무엇이었는지, 그들의 굶주림이 언제 시작되었는지도 알고 있다. 이렇게 후대에 '군사적 덕목'을 숭배한 서구인들은 '기독교적 덕목'으로 양육된 세대들의 못난 후손이다. 18세기에서 19세기로 넘어가던 전환기에 서구 세계의 교양 있는 소수의 불신앙이 비교적 순진한 대중에게 영향을 미칠 때부터, 이들은 조상들을 키워낸 전통적인 기독교 도덕을 서서히 잃어버렸다.

진실은 이렇다. 인간의 영혼은 정신적 진공을 몹시 싫어한다. 한 인간이나 인간 사회가 불행하게도 한때 가지고 있던 숭고한 영감을 잃어버리는 비극을 맞이하면, 그나 그 사회는 아무런 영혼의 양식 없이 지내기보다는 조만간 아무리 조악하고 만족스럽지 못하다고 해도 다른 영혼의 양식을 찾아내 움켜쥘 것이다. 이러한 진실에 비추어보면, 서구 사회가 근자에 지나온 정신적 역사를 이렇게 말할 수 있다(그리고 전쟁의 미화도 이렇게 설명할 수 있다). 중세 서구 기독교 사회의 지배적인 제도였던 일데브란도* 시절의 교황권이 붕괴된 탓에 서구의 기독교도 대중은

• 교황 그레고리우스 7세, 재위 1073-1085년.

극심한 도덕적 충격을 받았고, 그 결과로 우리는 조상들을 키워낸 기독교적 생활방식의 지배력에서 아주 크게 벗어났다. 우리는 일련의 재난과 환멸을 겪은 뒤에, 우리의 집이 지적인 계몽에 의해서 말끔히 치워지고 멋지게 장식되었지만 앞서서 그 안에 기거하던 기독교 정신은 사라진 것을 발견하고는 고통스러운 정신적 진공을 채울 다른 거주자를 두루 찾는다. 이렇게 찾는 과정에서 우리는 가장 가까이 있는 대안들에 말을 건넨다. 서구 문화의 원천은 세 가지이다. 즉 서구 사회가 '소속된' 헬레니즘 사회의 내부 프롤레타리아트(internal proletariat)와 외부 프롤레타리아트(external proletariat), 그리고 소수의 지배자들(dominant minority)이다. 헬레니즘 세계의 내부 프롤레타리아트가 남긴 종교적 유산인 기독교가 우리의 기대를 저버린 것처럼 보였을 때, 우리는 걸신들린 듯 헬레니즘 세계 외부 프롤레타리아트의 종교와 헬레니즘 세계 소수 지배자들의 종교에 의지했다. 그런 일이 일어났을 때, 이 두 종교는 사실상 같은 것이었다. 둘 다 부족이나 국가의 원시적인 우상 숭배의 변형이었다. 따라서 기독교를 버린 근대 서구의 배교자들은 새로운 신을 구하는 중에 두 대안적 방향 중에서 어느 곳으로 시선을 돌리든 자신의 숭배를 기다리고 있는 동일한 우상을 발견했다. 리비우스를 참조한 마키아벨리와 플루타르코스를 참조한 루소, 스틀루손을 참조한 드 고비노, 바그너를 참조한 히틀러는 저마다 자

신만의 문학이나 음악의 신탁에 이끌려 '파괴자의 우상(Abomi-
nation of Desolation)'*이라는 동일한 제단에, 다시 말해서 전체
주의적인 교구 국가(Totalitarian Parochial State)에 도달했다. 교
구처럼 좁은 공동체의 이 이교 숭배(그 영감의 뿌리가 헬레니즘
이든 고트족 문화든 스칸디나비아든)에서 '군사적 덕목'의 예찬
은 필수적이며 전쟁의 찬미는 그 신앙의 기본적인 요소이다. 이
제 폰 몰트케가 왜 진정한 열정으로 "영원한 평화는 꿈이다. 아
름다운 꿈도 아니다"라고 외쳤는지, 왜 전쟁 폐지에 반대했는지
이해할 수 있다. 그는 반전주의자들의 꿈이 실현되면 우리의 새
로운 이교 세계가 다시금 정신적 진공 상태에 빠지게 되지는 않
을지 진심으로 두려웠던 것이다.

근대 서구 사회의 인간이 이 두 대안, 오로지 둘밖에 없는 대
안 중에서 하나를 선택해야 한다는 폰 몰트케의 근원적인 가정
이 옳다면, 그가 이러한 태도를 취한 것도 옳다는 점을 우리는
실제로 인정해야 할지도 모른다. 우리가 겟세마네의 덕목을 실
천할 의지력을 정말로 상실했다면, 그렇다면 아무런 덕목도 실
천하지 않는 것보다는 스파르타나 발할라의 덕목을 실천하는
것이 분명히 더 낫다. 일찍이 기독교 사회였으나 이제는 그렇지

• 구약성서 「다니엘」에 나오는 표현으로 공동번역 성서를 따라서 '파괴자의
  우상'이라고 옮긴다.

않은 사회에서 이 결론은 더 이상 탁상공론이 아니다. 왜냐하면, 앞의 조건절을 간명한 직설법으로 바꾸면, 이제 대중이 폰 몰트케를 따르고 있기 때문이다. 우리 세대의 그의 제자들은, 모순의 걱정 없이, 자신들이 대군을 갖추고 있다고 주장할 수 있다. 근래에 서구에서 '군사적 덕목'은 전체주의적 교구 국가의 십계명으로 숭배되면서 빠르게 지배적인 종교가 되었다. 그리고 이 신앙은, 비록 야만적인 신앙일지라도, 메피스토펠레스적인 단순한 부정으로는 결코 극복되지 않을 것이다. 이 믿음 자체가 그러한 부정에 성공적으로 맞선 항의이기 때문이다. 사회는 정부는 물론이거니와 종교도 그 자체에 어울리는 것을 얻기가 쉽다. 그리고 우리가 기독교도의 생득권에 걸맞지 않는 존재가 되었다면, 우리는 오딘이나 아레스의 부활한 유령을 숭배할 운명에 처한 것이다. 이 야만적인 신앙은 신앙이 전혀 없는 것보다는 낫다. 군사주의가 거듭 주입하는 영웅주의는 레오니다스와 올라프 트뤼그바손의 죽음에서 숭고함의 절정에 도달했다. 그러나 이는 성자의 숭고함이 아니다. 자살이 아니라면 무엇이든 다 하는 영웅주의도 아니다. 실패로 끝난 스칸디나비아 문명과 저지된 스파르타 문명의 운명을 보라. 폰 몰트케의 근저의 가정이 옳다면, 더불어 이로부터 끌어낸 그의 도덕적 결론이 옳다면, 서구 문명의 운명도 그와 같을 것이다. 이 가정이 옳은지 옳지 않은지, 다른 한편으로는 결코 승산이 없지 않은 기독교가 서구인에게 다시 한번 더욱 긍정적인 대안을 제공함으로써 섬뜩하고 파괴적인 이교 신앙의 영향력으로부터 그들을 해방할 힘을 아직도 가지고 있는지는 두고 볼 일이다. 일데브란도는 그의 양떼의 영혼이 또다른 로드리고 데 보르자*와 시니발도 피에스키**의 죄악으로 입은 상처를 그의 힘으로 다시금 치유할 수 있는가? 이것은 20세기의 서구 세계가 대답해야 할 모든 질문들 중에서도 가장 중요하다.

폰 몰트케가 준 실마리를 추적하고 '군사적 덕목' 숭배가 근래에 서구의 영혼들에게 재차 행사한 영향력을 고찰하면서, 우리는 전쟁 제도가 그 자체로 원래부터 구제 불가능한 악인지 그렇지 않은지의 문제를 해결하는 데에 약간의 진전을 이루었음을 알 수 있을 것이다. 실제로 우리는 그 문제가 잘못 제기되었음을 발견했다. 어떤 피조물도 원래부터 구제 불가능한 악일 수는 없다는 것이 아마도 진실이리라. 왜냐하면 모든 피조물은 창조주로부터 비롯한 덕목의 전달 수단이 될 수 있기 때문이다. '군사적 덕목'은 피와 쇠에 박힌 보석이지만 그래도 덕목이다. 그리고 '군사적 덕목'의 가치는 그 끔찍한 바탕이 아니라 보석 자체에 있다. 우리가 이 귀중한 물건을 발견하리라고 기대할 수

• 교황 알렉산데르 6세, 재위 1492-1503년.
•• 교황 인노켄티우스 4세, 재위 1243-1254년.

있는 유일한 장소가 그것이 우연히 인간의 눈에 처음으로 드러난 도살장이라고 속단한다면, 이는 온갖 경험에 배치된다. 진흙 속에 숨겨진 다이아몬드는 그곳에 그대로 남지 않는다. 그것은 왕의 왕관에서 더 잘 어울리는 바탕을 찾는다. 다이아몬드 광산이 일단 그 보물을 내놓으면, 그 광산은 일상적인 노고와 우연한 발견의 현장에서 떠날 수 없는 광부가 처한 죽음의 덫에 불과하다. 다이아몬드가 묻혀 있는 쓸모없는 불순물에 해당되는 것은 전쟁이라는 덧없는 제도에도 해당된다. 전쟁에서는 선함이라는 영원한 원리가 '군사적 덕목'의 옷을 입고 잠시 동안 어렴풋이 깜빡인다. 장차 신의 나라의 완벽한 물리적 평화 속에 밝게 빛나기 위함이다. 이것은 신성한 덕목(그 자체는 변하지 않으나 늘 일시적인 거소를 바꾼다)으로서 그 연속된 거소의 각각에 내면의 빛의 반사광을 비춘다. 이 각각의 거소는 일시적으로 그 안에 거한 정신이 더는 그 어둠을 밝히지 못하게 되자마자 그동안 방치되었던 추악한 모습을 띤다.

시대를 관통해서 추적할 때에 우리가 늘 같은 태도를 취해야 하는 사건이나 현상은 없다. 다시 말해서, 어떤 악도 원래부터 악은 아니다. 단지 그렇게 되었을 뿐이다……많은……것이 원래 선하지만, 그 취지를 벗어난 것들을 예시할 수는 있다. 그 안에 전쟁도 포함시킬 수 있을 것이다.

생명을 가진 다른 모든 것처럼, 전쟁도 결코 불변의 상태에 머물지 않으며 늘 진화하고 있다. 동물은 전쟁을 하지 않았지만 인간은 전쟁을 했다. 그리고 괴테와 니체가 '초인'이라고 부른 우리의 후손들은 이를 그만둘 것이다······ 역사를 통해서 우리에게 익숙한 전쟁(전쟁 제도)은 과거에 탄생했고 한때 젊었으나 지금은 늙었다. 그러나 젊은 처자를 사랑하는 것은 유쾌하고 늙은 여인을 사랑하는 것은 불쾌한 것처럼, 전쟁의 경우에도 상황은 똑같다. 성격과 의미에서 완전히 상이한 두 가지를 비슷하게 판단할 수 없고 그래서도 안 된다. 아킬레우스의 영원한 증오의 노래와 리사우어*의 영국 증오의 노래 사이에는 아무런 공통점도 없다. 스카만드로스 강 전투**와 뫼즈 강과 모젤 강 사이에서 벌어진 전투 사이에는 아주 깊은 차이가 있다.[3]

한때 '군사적 덕목'에서 부적절하지만 진정한 표현을 얻었던 선함이 기독교인의 삶에서 그것이 발휘될 비할 데 없이 고귀한

---

* 유대계 독일인 시인이자 극작가. '신이여 영국을 벌하소서'라는 구호와 '영국 증오의 노래'를 만든 사람이다.
** 터키의 차나칼레 주를 흐르는 강으로 『일리아스(Ilias)』에 트로이 전쟁의 전투가 벌어지는 곳으로 나온다.
3. Nicolai, G. F. The Biology of War, English translation, pp.420−21.

영역을 부여받았을 때에 우리가 전쟁 숭배를 고수했다면, 그랬다면 우리는 일종의 창조성의 대적(大敵)인 덧없는 제도를 우상화한 죄가 있다. 그리고 수백 년간 두 주인을 섬기는 불가능한 묘기를 시도한 뒤에 근자에는 더 낮은 주인에게 매달리고 더 높은 주인을 경멸했다면, 다시 말해서 다시금 완전히 오딘과 아레스를 위해서 봉사하고 우리 선조들이 그리스도에게 마지못해 행한 봉사조차도 거부한다면, 우리의 죄질은 더욱 나빠질 것이다. 이 최근의 우상 숭배는 앞선 우상 숭배에 비해서 훨씬 더 나쁘다. 폰 몰트케와 무솔리니의 낡은 군사주의의 의도적이고 자의식적인 완고함이 바야르 영주와 뉴컴 대령의 순진무구한 옛 '군사적 덕목'과 다른 것은 저녁의 황혼이 새벽의 미광과 다른 것이나 마찬가지이다. 뉴컴 대령이 바야르 영주로부터 물려받은 순결함은 서구 세계에서 프리드리히 대왕과 나폴레옹의 냉소를 물려받은 후계자들이 결코 되찾을 수 없는 것이다. 19세기 중엽에 사랑스러운 인물, 뉴컴 대령을 창조한 작가는 자신의 피조물이 지닌 매력과 비극 모두가 그가 이미 시대에 뒤진 인물이라는 사실에 얼마간 빚지고 있다는 것을 잘 알았다. 무솔리니식의 부활한 마르스(Mars)에 헌신한 자들은 뉴컴이나 바야르의 영주가 되지 못할 것이다. 그들은 로봇이요 마르스의 추종자일 것이다. 사해(死海)의 열매인 우상 숭배와 옛말이 짝을 이룬 이 타락의 과정은 '영화(etherealization)' 과정의 정반대, 즉 대우주로부터 소우주로 행동 영역이 점진적으로 이전되는 과정이다. 그 이전 과정에서 우리는 성장의 기준을 발견할 수도 있다. 그 기준이 참된 기준이라면 전쟁 제도가 도덕적으로 불변일 리가 없다는 점을 우리에게 선험적으로 알려줄 것이다. 이 섬뜩한 제도가 어제는 '군사적 덕목'이 발휘될 영역을 제공했다고 하더라도, 내일이 되면 전쟁의 '기사도적인' 성격이 덕목이나 장점의 자취는 조금도 없는 군사주의로 썩어 문드러지거나, 두 사람이 서로 맞서는 물리적인 싸움이 신을 위해서 단합한 모든 사람들이 악의 세력에 맞서는 정신적인 싸움으로 바뀌는 그리스도의 군대(militia Christi)로 미화될 것임을 우리는 확신할 수 있을 것이다.

바로 지금 우리의 변절이 단지 임종 직전에 있는 우상 숭배의 마지막 발작인 것으로 드러난다면, 우상 숭배와 기독교 신앙 간의 장구한 싸움에서 이 최후의 위기가 우상 숭배의 완전한 축출로 끝날 수 있다면, '전쟁'이라는 낱말 자체가 원래 상징했던 의미로 쓰이는 경우를 제외하고는 통용되지 않을 때까지(비슷한 성격의 낱말인 '희생'은 이미 통용되지 않는다) 물리적 전쟁이 우리의 삶에서 떠나 기억 속에서 점차 사라지는 때가 오리라고 꿈꿀 수 있을지도 모른다. 그런 시절에 사람들이 '전쟁'을 이야기하면, 그것은 정신의 전쟁을 가리킬 것이다. 그리고 사람들이 6,000–7,000년간 조상들을 부단히 괴롭힌 천벌이었던 물리적 전쟁을 떠올린다면, 그들은 그러한 전쟁을 입교자(*Homo Cate-chumenus*)들이 마침내 전쟁의 무대가 외부 전장에서 내면의 전장으로 바뀌는 곳인 성자들의 공동체에 들어가기 위해서 감수하고는 했던 잔인한 입회 의식의 범주에서 생각할 것이다. 그 완벽한 기독교 공화국의 전쟁은 수백 년, 수천 년 전에 이미 신의 나라(Civitas Dei)의 도래를 선포한 그 시민 중 한 명이 시처럼 풍부한 군사적 상상력으로 묘사하고 성자의 예언 같은 통찰력으로 기술한 바 있다. 사도 바울은, '군사적 덕목'의 한 가닥 희망이 '고난의 시절'의 군사주의 때문에 쌓인 오물 밑에서 여전히 시선을 끌고 빼앗을 수 있었던 고대 그리스 세계의 한 시대에, 전쟁에 빠진 '세계 국가'의 시민들에게 메시지를 전달하고 있었다. 이 사도는 그들에게 기독교인의 삶의 더욱 영묘한 영광과 숭고함을 일련의 군사적 비유로 전하기 위해서 개종자들의 마음에 여전히 살아 있는, 전쟁의 모든 고귀하고 영광스러운 함의를 공격한다.

비록 우리가 속된 세상에서 살고 있기는 하지만 속된 싸움을 하고 있는 것은 아닙니다. (우리는 세속의 무기를 가지고 싸우는 것이 아니라 아무리 견고한 성이라도 무너뜨릴 수 있는 하느님의 강한 무기를 가지고 싸우는 것입니다.) 우리는 잘못된 이론을 무찔러버리고 하느님을 아는 데 장애가 되는 모든 오만을 쳐부수며 어떠한 계략이든지 다 사로잡아서 그리스도께 복종시킵니다.

—「고린토인들에게 보낸 둘째 편지」제10장 3-5절

.

제3장

스파르타, 군사 국가

플라톤은 이상향을 구상할 때에 폴리스 스파르타의 실제 제도에서 영감을 받았다. 고대 그리스의 이 공동체는 플라톤 시대에 그 세계의 강국 중에서도 가장 강한 나라였다. 스파르타 체제의 기원을 살펴보면 알게 되는 것이 있다. 스파르타인들은 그 역사의 초기 국면에서 방향을 전환한 탓에 불가피하게 묘기를 부려야 할 상황에 처했고 이를 타개하기 위해서 '독특한 제도'를 갖추어야 했다. 스파르타인들은 그 역사의 어느 순간에 고대 그리스의 폴리스 공동체가 공동으로 가던 길에서 떨어져 나왔다.

기원전 8세기 고대 그리스 세계에서는 직전의 사회적 발전의 결과로 그리스 반도와 주변 섬들에 있는 그리스인들의 고향에서 경작지 면적은 증가했으나 소출은 줄어들었고, 인구는 급속하게 늘어났다. 고대 그리스의 모든 공동체에 닥친 이 공통의 도전에 스파르타인들은 독특한 방식으로 대응했다. 기원전 8세기 그리스인의 삶에 공통적으로 생긴 이 문제의 '통상적' 해법으로 제시된 것은 해외에서 새로운 영토를 찾아 정복함으로써 더 많은 경작지를 확보하는 것이었다. 이렇게 보편적인 해외 팽창 운동의 결과로 수많은 폴리스가 새롭게 출현했는데, 그중에 스파르타인이 세웠다는 것이 하나 있다. 바로 타렌툼(이탈리아 남부의 타란토, 그리스어로 타라스)이다. 그러나 이 주장이 역사적 사실에 부합한다고 해도, 타렌툼의 사례는 유일무이하다. 타렌툼은 고대 그리스의 해외 도시들 중에서 스파르타의 단 하나뿐인 식민지로 추정된다. 타렌툼의 전승은 스파르타인들이 기원전 8세기 그리스 세계에 공통된 인구 문제를 해외 식민지 건설이라는 일반적인 노선에 따라서 해결하고자 했음은 물론이고, 그들만의 독특한 방식으로 해결하고자 했다는 사실도 가리킨다.

늘어나는 인구를 부양하기에는 에우로타스 강 유역의 넓고 비옥한 경작지가 너무 작다는 사실을 알게 된 스파르타인들은 칼키스인이나 코린토스인, 메가라인과는 달리 바다로 눈을 돌리지 않았다. 스파르타 도시에서도 스파르타 평원의 어느 지점에서도, 심지어 스파르타 도시를 둘러싼 인접 고지대에서도 바다는 보이지 않는다. 스파르타의 경관을 지배한 자연의 특징은 솟구친 타이게토스 산맥이다. 이 산맥은 그 평원의 서쪽 가장자리에서 거의 수직으로 솟기 때문에 그 표면이 거의 절벽처럼 보이는 반면, 그 윤곽은 아주 직선적이고 연속적이어서 성벽 같은 인상을 준다. 타이게토스 산맥의 성벽 같은 외관은 랑가다 협곡에 주목하게 한다. 이 골짜기는 마치 그 평원과 산맥을 만든 조물주가 그의 백성에게 뒷문을 마련해주기 위해서, 그것만 아니었다면 지나갈 수 없었을 장벽에 단 하나의 확실한 틈을 일부러 설계한 것처럼 그 산맥을 직각으로 쪼갠다. 기원전 8세기 스파르타인들은 인구 압박의 위기가 느껴지자 구릉지로 눈을 돌려 랑가다 협곡을 보았고, 산맥을 관통하는 고갯길에서 도움을 구했다. 이웃의 다른 폴리스들이 궁핍이라는 동일한 자극에 바다 너머로 이주함으로써 출구를 모색하던 때였다. 이렇게 해법이 갈린 첫 국면에, 스파르타인들은 과연 아미클라이*의 아폴론과 아테나 칼키오이코스**의 도움을 받았다. 제1차 메세니아-스파르타 전쟁(기원전 743–724년)은 그리스인이 트라키아 해안과 시칠리아 해안에 처음으로 정착하던 때에 일어났는데, 이 전쟁에서 승리한 스파르타인들은 그리스 세계에서 칼키스인 식민자들이 해외의 레온티니(렌티니)에서 얻은 것이나 스파르타인으로 추정되는 식민자들이 타렌툼에서 얻은 것보다 더 큰 정복지를 소유하게 되었다. 그러나 스파르타를 인도하고 스파르타가 "발을 헛디디게 내버려두지 않은" 그 수호신은, 일단 스파르타가 메세니아에서 목적을 달성한 뒤, 스파르타를 "모든 악에서 지키지"는 못했다. 오히려 반대였다. 스파르타가 차후 계속해서

• 라코니아 평원 에우로타스 강 오른쪽 기슭에 있는 도시로 아폴론 신전과 거대한 아폴론 상이 있었다.
•• 스파르타의 아테나 신전.

초인(비인간)의 태도를 고수한 것은 롯의 아내에게 닥친 신화적인 운명처럼 명백히 저주였지 축복이 아니었다.

스파르타 특유의 근심은 제1차 메세니아-스파르타 전쟁이 스파르타의 승리로 끝나자마자 시작되었다. 스파르타인들에게는 전쟁에서 메세니아인들을 정복하는 것보다 평시에 그들을 억누르는 것이 더 어려운 과제였기 때문이다. 정복당한 메세니아인들은 트라키아인이나 시켈로이인(시쿨리인) 같은 야만인이 아니라 스파르타인과 동일한 문화와 똑같은 열정을 지닌 헬레네스였다. 그들은 사실상 전쟁에서 대등한 자들이었고 그 수에서는 필시 대등 이상이었을 것이다. 제1차 메세니아-스파르타 전쟁은 제2차 전쟁(기원전 685-668년)에 비하면 아이들 장난이었다. 예속민인 메세니아인들은, 역경에 단련되었고 헬레네스의 다른 어떤 사람들도 덮치지 않은 운명에 굴복했다는 사실에 대한 수치와 분노로 가득했기 때문에, 그 두 번째 전쟁에서 지배자인 스파르타인들에 맞서 무기를 들었고 첫 번째 대결에서 자유를 지키려고 싸웠을 때보다 더 맹렬하고 더 오래 자유를 되찾기 위해서 싸웠다. 결국 그들의 때늦은 영웅적 행위는 스파르타의 두 번째 승리를 막지 못했다. 그리고 이 전례 없이 격렬했던 소모전이 끝난 뒤에, 승자는 패자를 전례 없이 가혹하게 다루었다. 그러나 장기적인 시각에서 보면, 반란을 일으킨 메세니아인들은 한니발이 로마에 복수하게 되는 것과 같은 의미에서 스파르타에 확실하게 복수했다. 제2차 메세니아-스파르타 전쟁은 스파르타인의 삶의 리듬을 통째로 바꾸어놓았고 스파르타 역사의 전 과정을 엇나가게 했다. 그 전쟁은 생존자의 영혼 속에 쇳조각을 박는 전쟁이었다. 그 전쟁은 너무도 끔찍한 경험이어서 스파르타인의 삶을 고통과 쇠붙이에 단단히 묶어놓았고, 스파르타의 발전을 앞이 보이지 않는 "곁길로 내몰았다." 스파르타인들은 자신들이 겪은 일을 잊을 수 없게 된 이래로는 결코 긴장을 풀 수 없었으며, 따라서 자신들이 전후에 보인 반응의 곤경에서 결코 헤어날 수 없었다.

스파르타인과 메세니아라는 그들의 인간적 환경의 관계는 북극권의 에스키모인과 그 물리적 환경의 관계와 동일한 얄궂은 부침을 겪었다. 각각의 경우에 우리는 자신들의 이웃을 위협한 환경에 과감히 맞서 싸우려는 공동체의 장관을 본다. 그들의 목적은 이 심히 힘든 사업으로부터 대단히 풍부한 보상을 짜내는 것이었다. 그 첫 국면에서는 결과가 이 담대한 행위의 정당성을 인정하는 것처럼 보인다. 북극권 빙하의 에스키모는 그 사촌 격인 북아메리카 대초원의 덜 모험적인 인디언들보다 사냥을 잘했다. 제1차 메세니아-스파르타 전쟁에서 스파르타인이 산 너머의 동료 헬레네스로부터 빼앗은 땅은 칼키스인 식민자들이 바다 건너에서 야만인들로부터 얻은 것보다 더 비옥했다. 그러나 그 다음 국면에서 최초의 (그리고 되돌릴 수 없는) 담대한 행위는 불가피한 형벌을 초래한다. 담대한 정복자들은 이제 정복된 환경의 포로가 되었다. 에스키모는 북극 기후의 포로가 되고 아주 세세한 일에 이르기까지 그 기후의 가혹한 조건에 따라서 삶을 꾸려야 한다. 스파르타인들은 제1차 전쟁에서 메세니아를 정복하여 그들을 착취하며 살려고 했으나 제2차 전쟁 이후로는 내내 메세니아인들을 관리하느라 부득이 삶을 포기해야 했다. 스파르타인들은 그때 이후로 계속 순종하는 비천한 노예처럼 메세니아를 지배한 대가를 치르며 살았다.

스파르타인들은 새로운 필요를 충족시킬 수 있도록 기존 제도를 고침으로써 재주를 부릴 준비를 했다.

다른 경우였다면 발전하는 (그리스) 문화에 직면하여 모든 그리스 공동체에서 사라졌을 그 원시적인 제도가 스파르타라는 조직체의 주춧돌 역할을 하게 된⋯⋯방식은 우리로부터 깊은 찬탄을 끌어낸다.

이러한 변화 과정에서 자동적 발전의 단순한 결과를 넘어서는 무엇인가를 식별해내지 않을 수 없다. 모든 것을 단 하나의 목적을 향해서 나아가게 만든 체계적이고 의도적인 방법은 우리로 하여금 의식적인 창조의 힘이 그 안에 개입했음을 보게 한다⋯⋯한 사람이든 같은 방향에서 일한 여러 사람이든 원시적인 제도를 아고게(agoge)와 코스모스

(kosmos)로 바꿔놓은 자의 존재는 필수적인 전제이다.[1]

고대 그리스의 전승은 제2차 메세니아-스파르타 전쟁 이후 라케다이몬 사회의 재건(스파르타 사회를 세우고 몰락할 때까지 그 상태로 유지시킨 재건)뿐만 아니라 스파르타 사회사와 정치사의 앞선 모든 사건과 비정상으로 보이지 않는 사건들까지도 '리쿠르고스'가 한 일이라고 전한다. 그러나 '리쿠르고스'는 신이었다. '리쿠르고스' 체제를 만든 인간을 찾는 오늘날의 서구 학자들은 그 주인공으로 킬론을 지목하는 경향이 있다. 스파르타의 에포르(감독관)였던 킬론은 현자로 명성이 높았고 기원전 550년경 그 직책을 맡았던 것으로 보인다. '리쿠르고스' 체제를 제2차 메세니아 전쟁이 발발한 때부터 100여 년에 걸쳐서 일련의 스파르타 정치인들이 수행한 작업의 누적적인 결과물로 본다고 해도 큰 잘못은 아닐 것이다.

스파르타 체제의 두드러진 특징(그 체제의 놀라운 효율성과 숙명적인 엄격함, 그 귀결인 붕괴를 모두 설명해주는 특징)은 "오만하게 인간 본성을 무시하는 것"이었다. 스파르타의 메세니아 지배를 지탱하는 부담은 사실상 전부 자유인으로 태어난 스

---

1. Nilsson, M. P. "Die Grundlagen des Spartanischen Lebens," in *Klio*, vol.xii, p.308.

파르티아테스의 자유인으로 태어난 자식들이 젊어졌다. 동시에 스파르티아테스 시민단 내부에서는 평등의 원칙이 확립되고 철저하게 이행되었다.

부의 평등은 없었지만, '동등자(homoioi)'인 스파르티아테스는 모두 국가로부터 동일한 크기(동일한 생산성)의 할당지를 받았다. 할당지는 제2차 메세니아-스파르타 전쟁 후에 메세니아의 경작지를 분할한 것이었다. 노예로서 토지에 매인 메세니아인의 노동으로 경작된 이 각각의 할당지는 동등자 스파르티아테스와 그 가족을 '스파르타인'에 어울리는 검소한 생활 수준에서 부양하기로 되어 있었다. 스파르티아테스는 직접 자신의 손으로 일할 필요가 없었다. 따라서 경제적인 관점에서 볼 때 모든 스파르티아테스 '동등자'는 아무리 가난해도 모든 시간과 에너지를 전쟁의 기술에 쏟을 수 있는 위치에 있었다. 그리고 모든 스파르티아테스 '동등자'는 아무리 부자여도 쉴 새 없이 늘 군사 훈련과 군역의 의무를 수행해야 했기 때문에, 부의 불평등이 스파르타에서는 부자의 생활방식과 가난한 자의 생활방식 사이의 실질적인 차이에 반영되지 않았다.

세습적인 지위로 말하자면, 스파르타의 귀족은 게루시아(장로회)에 피선될 자격을 제외하면 평민이 가지지 못한 정치적 특권을 똑같이 가지지 못한 것 같다. 그밖에는 그들도 '동등자' 집단에 속했다. 특히 스파르타의 300명의 기사는 '리쿠르고스' 체제에서는 더는 귀족 집단도 기마(騎馬) 병력도 아니었다. 이들은 '동등자' 전체에서 능력에 따라 모집된 중무장 보병의 정예 부대가 되었다. '동등자'는 이 부대에 들어가기를 간절히 원했다. '리쿠르고스' 체제의 평등주의 정신이 가장 인상적으로 표현된 것은 왕이 부여받은 지위였다. 두 명의 왕은 상속권에 따라 계속해서 왕위를 계승했지만, 이들이 지닌 한 가지 실질적인 권력은 출정 중인 군대의 지휘권이었다. 그밖에는, 중요하다기보다는 보여주기를 위한 몇 가지 의식상의 의무와 특권을 빼면, 두 명의 왕도 두 왕가의 다른 구성원들처럼 보통의 '동등자'와 똑같이 평생 가혹한 규율을 지켜야 했다. 왕위 계승자도 동일한 교육을 받았고, 왕위를 계승해도 면제는 없었다.

그러므로 스파르티아테스 '동등자'의 형제단(phratra) 안에서 출생과 세습 특권에 따른 차이는 '리쿠르고스' 체제에서는 거의 중요하지 않거나 전혀 중요하지 않았다. 이 형제단에 들어가기 위한 한 가지 전형적인 자격은 자유로운 스파르티아테스로 태어나는 것이었지만, 형제단에 들어가고자 하는 누구도 "우리 조상은 아브라함이다" 같은 말을 하는 것은, 공개적으로는 물론이고 그들 내부에서도 꿈도 꿀 수 없었을 것이다. 스파르티아테스 태생은 갈망의 대상이었지만 의무가 따라오는 '동등자' 지위로의 승격을 결코 보장하지 않았다. 실로 스파르티아테스 태생은 일반적으로 요구되는 조건이기는 했지만 필수 조건은 아니었다. 스파르티아테스 태생은 아이에게 (역설적이게도 출생 이후 약골 판정을 받고 유기되어 죽음으로써 구제를 받지 않는다면) 스파르타 교육이라는 호된 시련을 겪어야 하는 운명을 안겨주었을 뿐이다. 그리고 이 시련은 아이에게 성년이 되면 '동등자들'의 형제단 안에서 한자리를 두고 경쟁할 자격을 주었을 뿐이다. 결국에는 이렇게 가혹한 교육에 아이가 어떻게 반응하느냐가 그의 태생보다 더 중요했다. 스파르티아테스로 태어났지만 시험에 통과하지 못하고 종국에는 '동등자들'의 형제단 입회가 거부되어 부러워할 것이 못되는 '열등자'의 지위에 머물러 외부의 어둠 속에서 이를 갈며 흐느낀 자들이 있었다. 반면 확실히 드물기는 했지만 스파르티아테스 태생이 아닌 소년들에게 스파르타 교육을 허용한 사례도 있었다. 이 '외국 소년들'은 훈련을 잘 해내면 스파르티아테스 태생의 급우들처럼 '동등자들'에 이름을 올릴 기회를 얻었던 것 같다.

이 정도로 스파르타 체제는 태생과 세습의 권리 주장을 무시했으며, 신이었던 리쿠르고스는 '인간 본성'의 무시라는 측면에서 한 발 더 나아갔다. 스파르타의 이 사회 개혁가는 우생학을 위해서 과감히 결혼에 개입했으며, 선택의 시간이 오기 전에 번식 단계에서 자신이 원하는 종류의 인간 재료를 얻기 위해서 할 수 있는 일을 하려고 했다. 스파르타의 징집은, 그것을 피할 수 없는 부류(다시 말해서 자유인으로 태어난 후 내버려지지 않는 모든 스파르티아테스)에 보편적이었다. 스파르타는 아이가 일곱 살이 되면 가정으로부터 분리되어 교육의 공장으로 보냈다. 스파르타는 남자 아이는 물론이고 여자 아이도 징집하여 훈련시켰다. 그렇지만 남자와 여자를 동등하게 취급했다는 점에서 이들은 한층 더 나아갔다. 스파르타의 여자 아이들은 여성의 특별한 소양을 키우도록 훈련받지 않았으며 남자 아이들과 격리되지도 않았다. 스파르타 여자 아이는 남자 아이와 마찬가지로 경쟁 체제에서 육상 경기 종목을 훈련했으며, 남자들이 보는 가운데 벌거벗고 경쟁했다.

인간이라는 가축을 번식하는 문제에서 스파르타 체제는 두 가지 분명한 목적을 동시에 추구했다. 스파르타 체제는 질과 양을 모두 겨냥했다. 이 체제는 채찍과 당근을 통해서 개별 스파르티아테스 성인 남성의 행동에 영향을 주고자 노력함으로써 질을 확보했다(스파르타 사회의 토대였던 질의 축소판). 일부러 결혼하지 않은 것으로 확인된 독신 남성은 창피스럽게도 공공정신이 부족하다는 이유로 국가로부터 처벌을 받았고 후배들에게 모욕을 당했다. 반면 아들을 셋 둔 남자는 동원을 면제받았고, 아들을 넷 둔 남자는 국가에 대한 모든 의무를 면제받았다. 동시에 의식적이고 명확한 우생학적 목적에서, 성교를 지배하는 원시적 사회 관습을 존속시킴으로써도 질을 확보했다. 이 관습은 결혼과 가족으로 대표되는 제도에 앞서서 존재했던 사회 조직 제도의 유물이었던 것 같다. 스파르티아테스의 남자가 아내가 자신보다 더 뛰어난 남자(인간 동물)의 씨를 받아서 아이를 낳도록 준비하여 아내의 자식들의 자질을 높이려고 수고했다면, 그는 공개적으로 비난을 받기는커녕 대중의 인정을 받았다. 심지어 만약 스파르티아테스 남편이 몸이 좋지 않은 것이 분명한데도 아내에게 자신을 대신할 자를 찾아주지 않으면, 아내가 스스로 그 일을 주선해도 아무런 처벌을 받지 않았던 것으로 보인다. 스파르타인들이 그들의 우생학을 실천할 때의 정신은 플루타르코스가 전하고 있다. 그는 이렇게 말한다.

그 스파르타의 사회 개혁가는 다른 인간들의 성적 관습에서 속악함과 무익함만 보았다. 그들은 빌려올 수 있는 최상의 수캐와 종마를 자신들의 암캐와 암말에 붙여주려고 애를 쓰지만, 자신들의 아내는 단연코 오로지 남편의 아이만 임신하게 하려고, 마치 그것이 남편이 어쩌다가 정신이 흐려지거나 늙거나 병들었다고 해도 그의 신성한 권리라도 되는 양 아내를 가둬놓은 채 밤낮없이 지키고 감시한다. 이 관습은 두 가지 명백한 진실을 무시한다. 나쁜 부모는 나쁜 아이를 낳는다. 차이를 가장 먼저 느낄 사람은 아이가 있어서 양육해야 하는 자들일 것이다.

최상의 아이들을 선발하여 '동등자들'의 명부에 올리고 공공 할당지를 부여하는 것이 궁극적인 목적인, 이런 식으로 양육된 스파르티아테스 아이들의 교육 문제에서, 스파르타 체제는 다시금 가족 출현 이전에 존재했던 사회 조직 제도의 유물을 이용했다. 그 제도에서는 더는 어머니의 사사로운 보살핌이 필요하지 않은 아이는 가부장적 가구 안에서 아버지의 일을 배우는 것이 아니라 일련의 '인간 무리'에 연이어 소속되어 교육을 받았다. 아이는 그런 무리 안에서 각 단계마다 부족 내 같은 나이와 성별의 아이들과 교제했다. '리쿠르고스' 개혁은 이 '연령 등급' 제도를 채택했으며, 동시에 모든 연령대의 아이들이 하나의 집단으로 결합하여 나이 많은 아이가 더 어린 아이의 훈련을 거들 수 있도록 등급을 혼합함으로써 그 제도를 자신들의 교육 목적에 맞게 변용했다. 이 어린 '무리들(agelai)'은 성인 '공동 식사단(syssitia)'을 재현한 것이자 그것을 위한 준비였다. 성인 '공동 식사단'은 군역의 의무가 있는 40개(21세부터 60세까지) '연령 등급'의 가장 높은 등급에서부터 가장 낮은 등급에 이르기까지 상이한 '연령 등급'에 속한 '동등자들'의 집단이었다. '무리'에서 13년을 보내는 스파르타 소년의 교육에서 정점은 스무 살이 끝날 때 '공동 식사단' 중의 하나에 들어가기 위해서 입후보하는 것이었다. '공동 식사단'은 '동등자들'의 형제단에 입회하는 유일한 길이었다. '공동 식사단' 진입은 기존 구성원의 판단으로 결정되었다.* '검은 덩어리'가 하나뿐이면 후보는 거부되었다. 일단 받아들여진 후보는 공동 식탁의 유지에 식량으로든 돈으로든 미리 정해진 대로 기여하지 못하거나 전쟁에서 비겁한 행동을 보여 용서받을 수 없는 죄로 유죄 판결을 받는 경우가 아니라면, 40년 동안 '공동 식사단' 구성원 자격을 유지했다.

스파르타 체제의 주된 특징은 다음과 같다. 감독, 선발, 전문화, 경쟁 의식, 당근과 채찍이라는 긍정적인 자극과 부정적인 자극의 동시 이용. 스파르티아테스 '동등자들'의 형제단에서 이러한 특징은 교육 단계에만 국한되지 않았다. 스파르티아테스의 소년기를 지배했던 것처럼 성인 생활도 계속 지배했다. 일곱 살을 꼭 채워 어머니에게서 떨어지는 그 순간부터 예순 살이 끝나 병역에서 해방될 때까지 지속적으로 규율을 지켜야 했다. 밖으로 드러나는 이 규율의 가시적 표시는 53년간의 '복무'를 명한 규칙이다. 가정에서 자라는 어린이였다가 소년기의 '무리'로 전속된 스파르티아테스는 '공동 식사단'에 선발되어 공공 할당지를 부여받고 결혼으로 아내를 얻는 사회적 의무를 수행했을 때에도 자신의 집에서 사는 자유가 없었다. 스파르티아테스 '동등자들'에게 결혼은 의무였으나 가정생활을 꾸리는 것은 금지

---

* 한 사람이 머리에 카디코스라는 용기를 이고 돌아다닌다. 기존 구성원은 후보자가 마음에 들면 그 안에 빵 덩어리를 던지고 마음에 들지 않으면 빵을 으깬다.

였다. 스파르티아테스 신랑은 첫날밤도 병영 막사에서 보내야 했다. 나이가 들면서 집에서 자는 것에 대한 금지는 점차 완화되었지만, 집에서 밥을 먹는 것에 대한 금지는 절대적이었고 영구적이었다.

리쿠르고스는 스파르티아테스가 마음대로 집에서 미리 밥을 먹어서 공동 식사에 배부른 채로 오는 일이 없도록 유의했다. 어느 스파르티아테스가 공동 식사에서 전혀 식욕을 보여주지 못하면, 공동 식사단의 동료들은 그를 공동 식사 자리에 서기에는 너무나 나약한 대식가라고 '책망했다.' 실제로 유죄 판결을 받으면 벌금도 물었다. 아기스 왕이 오랫동안 전쟁을 하고 돌아왔을 때의 유명한 사례가 있다. 왕은 단 한 번만 아내와 함께 식사하기를 원했고 공동 식사에 자신의 몫을 보냈다. 그러나 공동 식사단은 이를 받아들이지 않았고, 그 사건에 주목한 에포르들은 이튿날 왕에게 벌금을 물렸다.[2]

이처럼 '인간 본성'을 심히 모질게 거부하는 체제는 분명코 압도적인 외적 제재 없이는 실행될 수 없었을 것이다. 스파르타

---

2. Plutarch, *Apophthegmata Laconica: Lycurgus*, No.6.

에서 그 제재에 이용된 것은 여론이었다. 여론은 스파르타의 사회 규범을 어긴 사람들을 에포르의 채찍보다 훨씬 더 무자비하게 찔러대는 전갈로 응징하는 법을 알았다. 스파르타 체제가 몰락하기 직전 최후의 순간에 이를 연구한 아테네의 어느 평자[3]가 이 점을 확실하게 보여준다.

리쿠르고스의 놀라운 업적 중의 하나는 스파르타에서는 치욕 속에서 사느니 차라리 고귀하게 죽는 것이 더 낫게 만든 것이다. 실제로 조사해보면 스파르타인 중에서는 두려움에 굴복하여 전장을 떠나기로 한 군대에서 사망한 자보다 전투 중에 사망한 자가 더 적다. 결과적으로 사실상 용기가 비겁함보다는 더 효과적인 생존 요인으로 판명된다. 용기의 길이 더 쉽고 더 이치에 더 맞으며 더 순조롭고 더 안전하다……리쿠르고스가 어떻게 스파르타인들로 하여금 이 길을 확실히 따르도록 했는지 빠뜨리지 않고 설명해야겠다. 그 방법은 용감한 자는 반드시 행복을 얻고 비겁한 자는 필연적으로 불행을 얻게끔 한 것이다. 다른 공동체들에서 겁쟁이가 받는 유일한 처벌은 겁쟁이라는 모멸적인 별명이 따라붙는 것이다. 그밖에 그는 원한다면 얼마든지 자

---

3. Xenophon, *Respublica Lacedaemoniorum*, ch.ix.

유롭게 용맹한 자들과 함께 일하고 가깝게 지낼 수 있다. 반면 스파르타에서는 누구나 겁쟁이를 공동 식사의 일원이나 육상 경기의 한편으로 받아들이는 것을 부끄러워한다. 종종 다음과 같은 일이 일어난다. 그들은 공놀이의 구성원을 고를 때에 겁쟁이를 배제한다. 합창단에서 겁쟁이는 가장 눈에 띄지 않는 자리에 배치된다. 그는 거리와 식탁에서 다른 모든 자들에게 우선권을 넘겨야 하며, 나이가 어린 사람에게도 길을 비켜주어야 하고, 그의 여성 가족은 집안에만 있어야 하며, 남자다움이 부족하다는 집안 여인들의 비난을 견뎌야 하고, 자신의 집에 주부가 없는 것을 감수해야 하며, 그밖에도 이를 이유로 벌금을 물어야 하고, 결코 피부에 기름을 바른 채 외출해서는 안 되며, 사실상 명성에 오점이 없는 스파르타인이 하는 모든 것을 할 수 없다. 이를 어기면 더 뛰어난 자들에게 매질을 당할 것이다. 내 생각을 말하자면, 나는 이것이 전혀 놀랍지 않다. 비겁함에 이렇게 끔찍한 형벌이 따르는 공동체에서는 그러한 치욕과 불명예를 안고 사느니 차라리 죽는 것이 더 낫다.

그러나 아무리 무자비하다고 해도 형벌만으로는 스파르타인의 그러한 에토스(ethos)를 결코 만들 수 없었을 것이다. 또한 그러한 에토스로 가능해진 초인적인 영웅적 행위도 낳지 못했을 것이다. 스파르타인을 그렇게 만든 제재는 외적인 동시에 내적이었다. 단체의 공통 견해로써 공동의 행동 규범을 지키지 못한 구성원이 삶을 견딜 수 없게 만든 그 용서를 모르는 영혼들은 그러한 경우에 무자비했다. 각각이 자신들에게도 동일한 규범을 전심으로 강요했기 때문이다. 진정한 스파르티아테스 '동등자'라면 누구나의 영혼 속에 들어 있던 이 '절대적 명령'은 200년이 넘게 ('인간 본성'을 무시하며) '리쿠르고스' 체제를 움직인 궁극의 추동력이었다. 그 본질은 헤로도토스가 아케메네스 왕조의 파디샤 크세르크세스 1세와 추방된 스파르타의 왕으로 그의 참모부에서 일한 데마라토스의 입을 빌려 제시한 대화에 드러나 있다. 이 대화는 상상으로 지어낸 것이 분명하지만 그럼에도 시사하는 바가 있다. 크세르크세스 1세는 군대를 이끌고 다르다넬스(헬레스폰투스) 해협으로부터 테르모필라이로 진군할 때 데마라토스에게 저항이 예상되는지 물었다. 이에 데마라토스는 다른 헬레네스 공동체가 어떻게 나오건 자신의 고국인 스파르타 사람들에 관해서는(비록 그가 개인적으로 그들을 사랑할 이유는 없었지만) 그들이 분명 수적 열세를 고려하지 않고 싸우러 나올 것이라고 답했다. 크세르크세스 1세가 자신의 군대라면 지휘관에 대한 두려움과 채찍의 강압으로만 밀어넣을 수 있는 시련에 (추정이지만) 스파르타인 같은 자유로운 인간들로 구성된 군대가 자발적으로 맞설 것이라는 생각을 받아들이지 않자, 데마라토스는 이렇게 대답했다.

스파르타인들이 비록 자유롭기는 하지만 완전히 자유롭지는 않다. 그들도 법이라는 형태의 주인을 섬긴다. 그들은 그대의 종복들이 그대를 두려워하는 것보다 훨씬 더 심하게 법을 두려워한다. 스파르타인들은 그 주인의 명령이라면 무엇이든 실행함으로써 이를 보여준다. 그리고 그 주인의 명령은 언제나 똑같다. "전투 중에 적에게 맞설 때에는 그들의 힘이 얼마나 강하든 후퇴해서는 안 된다. 군대는 대형을 유지해야 하며 승리하지 못하면 죽어야 한다."

바로 이것이 스파르타인들의 업적을 낳은 정신이었다. 그리고 그 업적은 스파르타라는 이름에 그것이 오늘날의 모든 언어로 전하는 의미를 새겨넣었다. 그 위업은 너무나도 유명하기 때문에 지금 그 익숙한 이야기를 되풀이할 필요는 없다. 테르모필라이에서 전멸한 레오니다스 왕과 300명 전사의 이야기는 헤로도토스의 『역사(*Historiai*)』 제7권에 기록되어 있지 않은가? 소년과 여우의 이야기•는 플루타르코스의 "리쿠르고스 전"에 쓰

• 소년이 여우를 훔쳐서 옷 속에 감추고는 들키지 않으려고 여우가 배를 갉아 먹는데도 참다가 결국 죽었다는 이야기.

여 있지 않은가? 이 두 이야기는 스파르타의 소년과 성인이 지닌 남성다움의 대단한 능력을 전하지 않는가? 스파르타 방패의 이면을 먼저 살펴보지 않고는 스파르타인들에게서 눈을 뗄 수 없다면(솔직히 눈을 뗄 수 없다), 스파르타 소년이 성년에 도달하기 전에 받는 교육의 마지막 두 해(다른 무엇보다도 '공동 식사단' 선발의 가능성이 걸려 있는 결정적인 시기)를 비밀경찰 (crypteia) 임무를 수행하며 보냈다는 것을, 그리고 이것이 다름 아닌 공식적 '살인 집단'이라는 것을 떠올리면 된다. 이들은 은밀히 라코니아의 시골을 돌아다니며 (낮에는 숨어 있다가 밤에 마치 "어둠 속에 퍼지는 역병처럼" 활보하면서) 헤일로테스 (heilotes)*가 반란의 징후나 약간의 성미나 능력만 보여도 때려 죽였다. 스파르타는 그 이름을 비할 데 없는 군사적 영광으로 뒤덮으려고 레오니다스와 300명 전사의 남자다운 영웅적 행위를 성인에게 요구했고 정당하게 불러냈다. 한편 청소년에게는 소수의 스파르티아테스 '동등자들'이 한줌의 지배자들을 "산채로 먹어 치울" 기회가 있었다면 기뻐했을, 압도적으로 많은 수의 '열등자들'과 '종속인들', '신입들', '노예들'의 목을 조이기 위해서 비밀경찰이라는 범죄를 요구했다(그리고 이 부름 또한 실패하지 않았다). '리쿠르고스' 체제의 스파르타인들이 인간

---

* 피정복민 노예.

행위의 가장 숭고한 수준에 올랐다면, 이들은 또한 가장 어두운 구렁텅이의 소리도 울렸다.

'리쿠르고스' 체제의 모든 특징은, 물질적이든 정신적이든 악한 것이든 선한 것이든, 단 하나의 목적을 지향했고, 이 명확한 목적은 정확히 달성되었다. '리쿠르고스' 체제의 라케다이몬 중장 보병은 고대 그리스 세계에서 최고로 뛰어난 중장 보병이었다. 무장 수준이 같은 그리스의 다른 군대보다 월등히 뛰어났다. 거의 200년간 고대 그리스의 다른 군대들은 라케다이몬 군대와의 정면 대결을 두려워했다. 훈련에서나 사기에서나 라케다이몬 사람들은 비할 데가 없었다. 그러나 바로 그 이유 때문에 '리쿠르고스' 체제의 스파르타에는 단 하나의 전문기술 이외에는 다른 여지가 없었다.

오늘날 스파르타 박물관을 찾는 사람들에게는 '리쿠르고스' 체제 아고게의 '단선 궤도에 갇힌' 편협한 특성이 곧바로 눈에 들어온다. 이 박물관이 그리스든 다른 곳이든 현존하는 고대 그리스의 예술 작품을 모아놓은 곳과는 완전히 다르기 때문이다. 그런 곳에서 방문객은 대체로 기원전 5세기와 기원전 4세기에 일치하는 '고전기'의 작품을 찾으며, 자신이 찾는 것을 발견하면 그 앞에 머문다. 그러나 스파르타 박물관에서 그 '고전기' 그리스 미술은 없어서 오히려 주목을 받는다. 이곳에서 가장 먼저 방문객의 시선을 끌고 매혹시키는 것은 '고전기 이전'의 전시품,

즉 섬세한 상아 조각품과 색채는 물론 선에도 재능이 있는 화가들이 그림을 그려넣은 다채색의 멋진 도기이다. 비록 깨진 조각들만 남았지만, 이 초기 스파르타 미술품들은 독창성과 개성의 확실한 특징을 보여준다. 여기서 이 유물을 발견한 방문객은 그 이후의 작품을 기대하지만 소용이 없다. 일찍이 꽃핀 스파르타 미술은 실현되지 않은 약속으로 남았기 때문이다. 스파르타 판 '고전기' 미술의 기념물을 갖추어야 할 곳에는 크게 벌어진 틈이 있다. 스파르타 박물관에는 헬레니즘 시대 말기와 로마 제국 초기의 독창성 없는 표준화된 작은 조각품만 넘칠 뿐 다른 것은 없다. 스파르타 박물관의 두 부류의 전시품 사이에는 시간적으로 큰 간극이 자리하고 있다. 초기 스파르타 미술이 꺾이는 시기는 대략 킬론의 에포르 시절인 기원전 6세기 중엽이다. 거의 이것만큼이나 급작스러웠던, 쇠퇴기의 '예술품 생산' 재개는 기원전 189-188년 이후에 나타난 일이다. 스파르타가 강제로 아카이아 동맹에 통합된 뒤 외국인 정복자의 의도적인 정책에 의해서 스파르타에서 '리쿠르고스' 체제가 폐지된 것으로 알려진 때이다. 이 융통성 없는 체제에 의해서 스파르타인의 삶이 군사주의라는 단선 궤도에 갇혀 있는 한, 스파르타에서 예술은 불가능했다.

아고게와 더불어 스파르타의 회화와 조각 미술을 엄습한 마비는 스파르타인이 마찬가지로 일찍이 가망을 보여주었던 음악에도 똑같이 치명적이었다. 스파르타 당국은 심지어 시민이 근대 서구 세계에서는 군인의 기술과 매우 가깝기 때문에 군사적 훈련을 위한 최선의 준비로 보기도 하는 기술을 연마하는 것도 방해했다. 스파르타인들은 범(凡) 그리스 육상 경기에 참여하는 것도 금지되었다. 이유는 달리기와 높이뛰기, 포환던지기의 전문성과 창과 방패를 휘두르고 연병장에서의 기동 연습을 수행하는 전문성은 상당히 다르다는 것이었다. 스파르티아테스의 마음과 정신은 후자에서 절대로 벗어나서는 안 되었다.

따라서 스파르타는, 기원전 6세기 고대 그리스의 다른 공동체들이 고대 그리스의 전 역사에서 가장 돋보이는 조치로 한 번 더 전진하고 있을 때, 스스로를 열병하는 군인처럼 무기를 들고 가만히 멈춰 있도록 함으로써 기원전 8세기에 방향을 전환하면서 고집스럽게 위험한 길을 택한 대가를 치렀다.

스파르티아테스 '동등자들'의 형제단이 고대 그리스 세계에서 가장 먼저 등장한 민주주의이며, 메세니아의 경작지가 이 스파르티아테스 데모스의 구성원들에게 동일한 할당지로 재분배된 것이 다음 세대에 아테네인들을 요동치도록 한 혁명의 표어였음을 깨달으려면 상상력을 발휘해야 한다. 스파르타에서 '리쿠르고스' 개혁으로 일찍 정체를 드러낸 새로운 운동은 이미 싹트는 단계에서 저지될 운명에 처했다. '리쿠르고스' 체제가 스파르타인의 삶의 양상을 바꿔놓고 이후 내내 돌처럼 굳어 있게 했기 때문이다. 고대 그리스인의 삶에 나타난 이 새로운 경향이 기운찬 창조 행위로 발현될 곳은 스파르타가 아니었다. 또한 그러한 발현의 운명이 제2차 메세니아-스파르타 전쟁에서 스파르타인들이 맞이한 독특한 도전에 대한 대응도 아니었다. 기원전 6세기의 창조 활동은 다른 성격의 도전이 자아냈다. 그리고 이 다른 성격의 도전은 먼저 기원전 8세기의 앞선 도전에서 헬라스의 이웃을 점령하는 스파르타의 노선이 아니라, 해외 식민지 건설이라는 칼키스와 메가라의 노선에 따라 대응한 공동체들에서 제시되었다.

헬라스의 '맬서스 세계' 문제가 약 200년간 이러한 방법으로 대체로 해결된(아니면 보류된) 이후로, 고대 그리스 세계 전역에서 영토 확장이 동시에 중단됨으로써 이 문제는 다시, 이번에는 전보다 더 심각하게 등장했다. 동쪽을 보면 헬레네스의 팽창은 기원전 6세기 사이테 시대(제26왕조)의 이집트와 아나톨리아의 리디아, 그리고 이 두 왕국을 위압하고 이어서 집어삼킨 훨씬 더 강력한 아케메네스 왕조의 페르시아 제국 같은 신흥 강국들에 의해서 저지되었다. 같은 시기에 헬레네스의 팽창은 서부 지중해에서도 이들과 경쟁 관계에 있는 레반트 지역의 식민자들, 즉 페니키아인과 에트루리아인의 집결로 중단되었다. 이들은 활력과 숫자에서 그리스인에 비해 뒤졌지만 이제 이를 타개할 균형추를 정치적 협력에서 발견했다. 동시에 서부 토착민인 야만족들이 레반트에서 들어온 침입자들에 맞서서 무기를 들고 싸움으로써 자기 것을 지키는 방법을 배우기 시작했다. 헬레네스의 팽창은 이렇게 다양한 형태로 사방에서 갑자기 가로막혔다. 이러한 도전에 자극을 받은 헬레네스는 더는 가능하지 않은 외연적인 성장 대신 아직 그들의 능력 안에 있는 고등 사회 질서의 내부집약적 성장을 선택함으로써 반복되는 사회 문제를 해결하고자 했다. 이들은 '생계 농업'에서 '환금작물 농업'과 제조업으로, 지역적 자급 체제에서 국제무역 체제로, 자연 경제에서 화폐 경제로, 출생을 기반으로 하는 정치 체제에서 재산을 기반으로 하는 정치 체제로 이행했다. 이 성공적인 대응을 선도한 것은 아테네인이었다. 이 '다크호스'는 앞선 해외 식민지 건설 운동에 참여하지 않았지만 동시에 스파르타를 따라서 메세니아의 막다른 골목으로 끌려가지도 않았다.

아테네가 보여준 대응의 성격은 아테네의 지휘로 이루어진 그리스적인 진보와 스파르타의 비(非)그리스적인 부동성 사이의 대조를 지적하기 위해서만 언급해야 한다. 이 대조는 아티카의 주화와 스파르타의 주화 사이의 차이에 적절히 상징적으로 드러나 있다. 주화의 새로운 발명은 '리쿠르고스' 체제가 확고하게 자리 잡기 전에 스파르타로 전파되었다. 그후로도 주화는 스파르티아테스 '동등자' 형제단의 국내 생활에서 적지 않게 중요한 역할을 했다. '동등자'가 구성원 자격을 상실하지 않기 위해서 유지해야 했던 '공동 식사'에 대한 기여가 식량은 물론 화폐로도 가능했기 때문이다. 그러나 기원전 6세기 스파르타의 개혁가들이 라코니아에서 주화를 완전히 추방할 수 없었거나 그럴의사가 없었다고 해도, 이들은 자신들이 찾아낸 다른 모든 제도와 마찬가지로 이 제도도 목적에 맞게 고치는 데에 성공했다. 이들은 동료들에게 쇠로 만든 주화를 보유할 수 있게 했지만, 이 주화는 평상시에 사용하기에는 너무 무겁고 컸으며, 대량이더라도 상업적으로 실질적인 가치를 가지지 못하도록 화학 처리하여 품질이 매우 조악했다. 라코니아는 이렇게 그 국경 밖에서는 유통될 수 없는 주화를 갖추었기 때문에, 마치 라코니아에는주화가 전혀 없는 것처럼 국제적인 금융 관계에서 배제되었다. 반면 '아테네의 올빼미'*는 지중해 세계 전체에 유통되는 주화가되었고, 이 철새 떼가 이따금 스파르타에 도착하면 스파르타 당국은 현이 일곱 줄이 넘는 악기가 수입되었을 때보다 훨씬 더크게 당황했다. 기원전 431-404년의 펠로폰네소스 전쟁에서 시칠리아를 점령하려는 아테네의 기도를 좌절시킴으로써 아테네를 굴복시키는 데에 다른 이들만큼 큰 기여를 한 스파르티아테스 길리포스는 평화가 온 다음날 유랑 길에 올랐다. 그의 하인이"기와 공장에 올빼미 떼가 있다"고 밀고했기 때문이다.

---

* 아테네의 은화. 아테나 여신을 따라다닌다는 올빼미가 부조되어 있다.

그러므로 스파르타인들이 국내의 헤일로테스에 대한 지배권을 지키기 위해서 확립한 '리쿠르고스' 체제는 고대 그리스 세계 전체에 대하여 스스로를 수세에 몰아넣는 결과를 가져왔다. 스파르타가 처한 상황의 가장 큰 역설은, 그들이 불가항력의 군사 기구를 만들어낸다는 단 하나의 목적을 위해서 인생을 살 만한 것으로 만드는 모든 것을 희생했을 때에야 그렇게 비싼 값을 치르고 얻은 힘을 감히 사용할 수 없음을 깨달았다는 사실이다. '리쿠르고스' 체제의 사회적 균형은 너무도 엄격했고 그 사회적 긴장은 너무나 고조되어 있었기 때문에, 현상 유지를 해치는 아주 작은 소동조차도 재앙 같은 영향을 불러올 수 있었다. 이 재앙은 스파르타 본토 침입의 길을 열어줄 패배만큼이나 스파르타 인력의 상시 수요를 늘릴 승리에 의해서도 쉽게 찾아올 수 있었다. 결국, 기원전 404년의 숙명적인 승리*와 이에 뒤이은 기원전 371년의 숙명적인 패배**는 당연하게도 스파르타인들에게 그들이 그 세계에서 가장 강력한 군사 강국이 되는 데에 성공한 이래로 늘 두려워했던 재앙을 안겨주었다. 그러나 스파르타는 그 정치적 수완 덕분에, 다시 말해서 주변에서 부단히 그

---

* 기원전 405년 스파르타가 리산드로스의 지휘로 아이고스포타미 전투에서 승리하고 이듬해 아테네가 항복하여 펠로폰네소스 전쟁이 끝났다.
** 기원전 371년 레욱트라 전투에서 스파르타는 테베에 패배함으로써 헬라스에 대한 영향력을 상실했다.

들에게 떠맡기려고 했던 위대함을 수용하지 않음으로써 그 불운을 '리쿠르고스' 개혁이 완성된 때부터 거의 200년 가까이 늦출 수 있었다.

이러한 태도로 스파르타인들은 아케메네스 왕조 페르시아 제국의 위협이 그들 앞에 내놓은, 헬라스의 지휘권을 떠맡는 도전을 거듭 회피했다. 스파르타는 기원전 499년 아나톨리아의 그리스인 반란자들을 지원하지 않았으며, 기원전 490년 마라톤 전투에는 너무 늦게 도착했고, 테르모필라이와 플라타이아이에서 마지못해 영광을 떠안은 뒤 기원전 479-478년에는 해방군 최고사령부에서 물러났다. 스파르타는 위대함이 그들에게 가져올 위험을 감수하지 않았고, 의도적으로 그 위대함을 내버려 아테네인들이 취하게 했다. 그러나 이렇게 쓰라린 희생을 치르고도 종국에는 그 비극적 운명을 피할 수 없었다. 스파르타는 훌륭하게도 기원전 499-479년의 도전을 받아들이지 않았지만, 그 특유의 곤경에서 아주 잠시 벗어날 수 있었을 뿐이다. 스파르타는 수용에 따르는 위험보다는 아테네에 기회를 넘겨주는 덜 즉각적인 해악을 선택함으로써 그리스의 자유에 대한 위협이 아테네의 위험이라는 형태로 재발할 길을 열어놓았다. 이번에 스파르타가 대면한 도전은 무시하고 지나칠 수 있는 것이 아니었다. 투키디데스의 견해에 따르면, "아테네-펠로폰네소스 전쟁의 근본적인……원인은 아테네가 위대한 지위로 올라선 것에 대한 라케다이몬 사람들의 두려움이었다. 이 두려움에 스파르타인들은 무기를 들었다." 펠로폰네소스 동맹의 '차단선'이 무너지고 코린토스 지협 너머의 적 아테네가 자신들을 파멸시키려고 대문 안의 적 메세니아인들과 합세할 징조가 보였던 것이다.

기원전 431년, 코린토스는 마침내 스파르타를 끌어들여 헬라스의 지휘권을 떠맡도록 하는 외교에 성공했다. 기원전 431-404년의 펠로폰네소스 전쟁에서 스파르타의 군대는 그 창시자가 의도했던 모든 것을, 스파르타의 이웃들이 바라거나 두려워했던 모든 것을 실행에 옮겼다(극한까지 시험하기는 처음이었다). 아테네와 헤일로테스의 신성동맹이라는 스파르타의 악몽은 실현되지 않았다. 아테네의 전략가 데모스테네스가 기원전 425년 라코니아의 메세니아 쪽 해안에 있는 필로스에 요새화한 거점을 확보하는 놀라운 솜씨를 보여주었음에도 불구하고 실현되지 않았다. 한편 아테네의 악몽은 스파르타의 지휘관 브라시다스가 트라키아 해안을 향해서 육상 원정을 떠나고 아테네가 니키아스의 시칠리아 해상 원정에서 힘을 소진하면서 실현되었다. 펠로폰네소스인들이 에게 해의 반대편에서 아테네에 종속된 그리스인들과 합세하는 데에 성공했고, 이오니아의 수병들이 배치되고 아케메네스 왕조의 금이 재정을 지원하는 함대로 아테네를 제압할 수 있었던 것이다. 기원전 404년 고대 그리스 사회가 스스로에게 가한 이 자기 소모의 첫 국면이 끝났을 때, 기진맥진한 상태에 빠진 것은 스파르타가 아니라 아테네였다. 그러나 '이날'이 "헬라스에 닥칠 커다란 재난의 시작"으로 판명될 것이라는 스파르타의 왕 아기스의 예언(주사위가 던져졌을 때 한 예언)은 패자가 아니라 승자와 관련하여 실현되었다. 스파르타가 굴복한 경쟁자로부터 무심결에 마지못해 거두어들인 위대함이 진짜 네소스의 투니카*로 판명되었기 때문이다.

스파르타인들은 기원전 431-404년의 전쟁에서 승리하며 이상한 곤경에 빠졌다. 오로지 이웃 공동체들과의 전쟁 같은 접촉에만 원숙하게 훈련된 이 집단은 특정 전쟁의 결과로 인해서 돌연 부득이하게 비군사적인 관계에 들어가게 되었다. 그러나 이들은 이러한 관계에는 준비가 되어 있지 않았고, 그들의 독특한 제도와 관습, 에토스 때문에 이 관계와 심히 어울리지 않았다. 스파르타인들이 앞선 문제에 대처하기 위해서 발전시킨 특성, 앞에서 그 운명이 결정될 때의 좁은 환경 안에서 그들에게 초인의 힘을 주었던 그러한 특성이 이제는 그 독특한 집단에게 복수

• 네소스는 에우에노스 강의 사공이었던 켄타우로스이다. 헤라클레스의 아내인 데이아네이라를 태워서 강을 건너게 해준 후 그녀를 욕보이려다가 강 건너편에서 헤라클레스가 쏜 독화살을 맞고 죽었다. 그는 죽어가면서 데이아네이라에게 자신의 피가 헤라클레스를 그녀의 영원한 사랑으로 만들어 줄 것이라고 말했고, 이를 믿은 데이아네이라는 네소스의 피가 묻은 옷(투니카)을 남편에게 건넸다. 결국 이 때문에 헤라클레스는 죽었다.

를 했다. 전쟁의 최종 운명에 이끌려간 더 넓은 세계에서 살아가기에는 비인간적으로, 아니 인간의 수준에 미치지 못하게 만들어버린 것이다. 그들은 앞선 환경에 너무도 엄격하게 적응했기 때문에 새로운 환경에 다시 적응하기란 사실상 불가능에 가까울 정도로 매우 어려웠다. 특정 상황에서 성공을 가능하게 한 비법이었던 그 특성이 그들이 다른 상황에 처했을 때에는 최대의 적이 되었다. 스파르타인들은 군사적 승리의 결과로 단순히 아테네의 해군과 육군을 궁지에 몰아넣는 데에 그치지 않고 아테네가 지녔던 제국의 책임을 어쩔 수 없이 걸머져야 하는 상황에 처하며 재난에 부딪쳤다.

국내의 스파르타와 해외의 스파르타 사이에 나타난 현저한 차이는 헬라스에서 조롱거리가 되었다. 스파르타는 제 땅에서는 개인적인 자제력과 청렴함에서 헬라스의 보통 수준보다 높은 수준에 올랐다고 인정을 받았지만, 그곳을 벗어나자마자 적어도 동일한 척도에서는 보통 수준 밑으로 떨어졌기 때문이다. 스파르타의 섭정 파우사니아스가 상황에 따라서 불가피하게 아케메네스 왕조의 페르시아 제국 영토에서 범 그리스 군대를 지휘하게 되었을 때에 보여준 놀라운 타락*은 무서운 경고가 되었

---

* 페르시아 전쟁 중에 페르시아의 크세르크세스 1세와 공모했다는 혐의를 받았다.

고, 이는 기원전 479-478년 스파르타 정부가 헬라스의 지휘권을 내려놓기로 결정하게 한 매우 중요한 요인이었다. 스파르타는 펠로폰네소스 전쟁의 결정적인 두 번째 회전에서, 그리고 이후에 스파르타가 파우사니아스와 같은 자들을 수십 명씩 해외로 파견할 수밖에 없었을 때, 과거를 돌아보며 이 결정이 옳았음을 주장했다. "우리는 하지 말았어야 할 일들을 했고 해야만 했던 일들은 하지 않았다. 우리에게는 건강함이 전혀 없다."이는 틀림없이 레욱트라 전투가 끝난 다음날 구(舊)체제를 기억할 만큼 충분히 나이가 많았던 국왕 아게실라오스 2세 같은 스파르타 정치인의 마음속에 비집고 들어온 반성이었을 것이다.

기원전 371년 스파르티아테스 '동등자들'의 대다수는 라코니아 국경 밖의 다른 그리스 폴리스에 주둔하며 복무하고 있었다. 이 폴리스들은 한때 자발적으로 스파르타의 동맹국이 되었지만, 이제 스파르타는 벌거벗은 전사들로만 그들의 충성을 유지할 수 있었다. 복무 중인 전사들을 일부 선발하여 정무직과 행정직에 앉혔는데, 이들은 해외에서 규율을 엄격히 지키는 스파르타인을 지칭하는 말이었던 '절제하는 자들'이라는 경칭이 헬레네스의 귀에 역겹게 들릴 때까지 그 자리에서, 비록 낮은 수준이었지만, 스파르타인의 무분별함과 폭압, 부패로 파우사니아스만큼이나 악명을 떨쳤다. 운명이 레욱트라 전투에 동원될 때까지 라케다이몬 군대를 에우로타스 강의 강둑에서 병영 생활을 하게 내버려둠으로써 그들이 성장할 때에 받은 기대를 충족시킬 수 있게 했다면, 스파르타라는 이름에서 물 밖으로 나와 썩은 물고기처럼 고약한 냄새를 풍기게 했던 바로 이 스파르티아테스 '동등자들'이 스파르타의 전통적인 덕목을 보여주었을 것이라는 데에는 의심의 여지가 없다. 그러나 그들 자신의 명성과 그 조국의 명성에는 불운하게도, 그 위중한 시기에 이들은 전부 부재중이었다. 기원전 371년 레욱트라에서 테베인들에게 처절하게 패하는 콜레옴브로토스 1세가 지휘하는 라케다이몬 분견대에는 언제나 스파르타 왕의 개인 경호대로 근무한 300명의 '기사'가 있었는데, 이들을 제외하면 스파르티아테스는 고작 400명뿐이었다. 이 숫자는 이 중대한 시기에 라케다이몬 보병 대열에 스파르티아테스가 10명 중에서 1명뿐이었음을 의미한다. 정규 편성이라면 라케다이몬 사람 10명 중 4명의 스파르티아테스가 있어야 했다. 레욱트라에서 스파르티아테스의 몫이 정규 편성의 4분의 1로 축소되지 않았다면, 테베 보병의 용맹함과 군대의 전투력을 최대로 이용할 줄 알았던 테베 지휘관 에파미논다스의 전술적 재능도 그때까지 거의 250년간 유지된 라케다이몬 사람들의 불패의 기록을 깨는 역사적 성공을 과연 거둘 수 있었을지 의문이다.

게다가 스파르타는 기원전 431-404년 펠로폰네소스 전쟁에서 아테네에 승리를 거두면서 복무 중인 '동등자들' 중에서 일부를 선발하여(이들을 군사 업무에서 빼내는 것은 안전하지 않았다) 비군사 업무를 맡긴 것(이들에게 비군사 업무를 맡기는 것은 안전하지 않았다) 말고도 더 미묘한 다른 방식으로도 파멸했다. 예를 들면, 스파르타 시민은 매우 오랫동안 인위적으로 화폐 경제에서 차단되었는데, 그 승리 때문에 뒤늦게, 따라서 더욱 해롭게 화폐 경제의 파괴적인 사회적 영향력에 노출되었다. "라케다이몬이 처음으로 사회적 해악과 부패의 공격을 받은 시기는 사실상 그들이 아테네 제국을 무너뜨리고 게걸스럽게 귀금속을 먹어치운 순간과 일치한다."[4] 화폐 경제의 도입에 뒤이어 사유 재산에 대한 스파르타인의 태도에도 똑같이 파괴적인 혁명이 따라왔다. 스파르타의 보수주의는 실로 부동산이 시장에서 매매되는 것까지 허용할 수는 없었지만, 기원전 4세기 어느 시점에 이르자 스파르타의 민회는 "가족 재산이나 할당지의 보유자가 자신이 선택한 자에게 생전에 이를 양도하거나 유언으로 유증하는 것을 합법화하는 법안"을 통과시켰다.[5] 이 입법이 스파르티아테스 '동등자들'의 수적인 축소에 미친 영향은 비교적 가벼웠던 레욱트라 전투의 스파르티아테스 사상자의 효과보다 훨씬 더 컸으며, 스파르타의 군사적 패배가 가져온 정치

4. Plutarch, *Life of Agis*, ch.v.
5. Plutarch, *Life of Agis*, ch.v.

적 형벌이었던 메세니아 상실의 효과만큼이나 컸을 것이다. 아리스토텔레스가 『정치학(Politika)』을 썼을 때, 이 유감스러운 법은 이미 현저히 성가신 결과를 낳고 있었다. 기원전 3세기 후반 젊은 나이에 왕위에 오른 아기스 4세 시대에 "생존한 스파르티아테스는 700명을 넘지 않았고, 그중에서 100명 정도는 토지와 할당지를 보유했지만 나머지는 선거권이 없는 빈곤한 하층민이었다."[6]

스파르타의 쇠락에서 드러난 또다른 두드러진 사회적 현상은 "대단한 여성들"이었다. 재산의 불균등한 분배처럼, 양성 간의 영향력과 권위의 불균등한 분배도 스파르타에서는 아리스토텔레스 시절에 이미 눈에 띄는 것이었다. 100년 뒤에 스파르타를 통치한 아기스 4세와 클레오메네스 3세의 전승에서 영웅들에게 감화를 주고 그들을 격려하고 위로하고 애도한 귀족 여인들에게 부여된 역할은 신약성서에서 여인들에 부여된 역할만큼이나 돋보인다. 이 전승에 따르면, 기원전 370-369년 겨울 에파미논다스가 에우로타스 강 유역으로 침입했을 때에 스파르타 여인들이 보여준 행동을 아리스토텔레스가 비난했음에도, 스파르타가 쇠락하던 시절에 스파르타 여인들은 실로 그들의 덕행을 통해서 남편과 아들보다도 도덕적으로 우세해졌다. 그리고 이것

---

6. Plutarch, *Life of Agis*, ch.v.

이 사실이라면, 이는 '리쿠르고스' 체제의 실패를 어느 정도 설명해준다. 그 체제는 남성은 물론 여성에게도 적용되었지만, 스파르타의 여자 아이들과 기혼 여성들은 그 체제에 남자 형제들과 남편들과 동일한 정도로 구속되지는 않았기 때문이다. 스파르타 남자들의 도덕적 붕괴가 '리쿠르고스' 체제의 지나친 가혹함이 낳은 도덕적 엄격함에 따른 재앙이라는 우리의 믿음이 옳다면, 스파르타 남성의 정신을 철저히 무너뜨린 시련에 대응하여 굽히고 반등할 수 있는 도덕적 탄력성을 여인들이 발휘한 것은 그들이 이 자연에 반하는 압박으로부터 비교적 많이 벗어나 있었기 때문이라고 우리는 짐작할 수 있을 것이다.

아리스토텔레스는 일반 명제의 형태로 '리쿠르고스' 체제의 비문을 썼다.

사람들은 예속당할 만한 자들이 아닌 이웃을 복속시키려는 목적에서 전쟁 기술을 연마해서는 안 된다……어느 사회 체제든 그 최고의 목적은 군사 제도도 다른 모든 제도와 마찬가지로 병사들이 근무하지 않는 평시의 상황을 염두에 두고 세우는 것이어야 한다. 이 명제는 경험이 증언한다. 군사주의적 국가는 전쟁 상황에 머무는 한에서만 살아남기 쉽고, 정복을 완수하자마자 파멸하기 때문이다. 평화는 그들의 무기가 화를 내게 만드는 원인이다. 잘못은 전사들에

게 근무 중이 아닐 때에 어떻게 생활해야 하는지 가르치지
않는 사회 체제에 있다.

그래서 '리쿠르고스' 체제는 결국 불가피하게 자멸했다. 그러
나 그 체제는 자살을 하면서도 쉽게 죽지 않았다. '리쿠르고스'
체제의 아고게는 스파르타로 하여금 메세니아를 계속 보유할
수 있게 한다는 명확한 목적에서 탄생했지만, 메세니아가 결정
적으로 패한 뒤에도 거의 200년간 스파르타에서 아고게가 계속
실행된 것은 순전히 보수적인 태도 때문이었다. 클레오메네스
3세는 타이게토스 산맥 동쪽 에우로타스 강 유역에 스파르타의
소유로 남은 땅을 동일한 숫자의 새로운 할당지로 마지못해 재
분할하여 메세니아에서 상실한 4,000개의 스파르티아테스 할당
지를 대체했지만, 이 혁명가 왕은 이를 기회로 오래된 헤일로테
스 제도의 저주에서 벗어나려고 하지는 않았다. 도합 700명의
생존 스파르티아테스가 100명의 생존 스파르티아테스 '동등자
들'의 토지를 분할한 4,000개 할당지 중 채 20퍼센트도 가져갈
수 없었기 때문에, 클레오메네스는 새로운 스파르타 시민단의
숫자를 보충하기 위해서 3,000명이 넘는 헤일로테스와 페리오
이코이에게 참정권을 부여했던 것 같다. 그러나 이들은 살아남
은 헤일로테스 중 극히 일부였을 뿐이다. 클레오메네스가 1인
당 일정 액수의 현금을 받고 6,000명 이상의 헤일로테스를 해방

했고, 그들 중에서 2,000명을 셀라시아 전투 직전에 그의 적인 마케도니아의 안티고노스 3세 도손이 테게아에 도착했을 때 병적에 올렸기 때문이다. 그리고 기원전 195년 로마가 라코니아로 침입했을 때, 그곳에서는 여전히 헤일로테스가 전통적인 지위로 살고 있었다.

스파르타의 '완고한 보수주의'의 가장 현저한 위업은 스파르타가 아테네에 대승을 거두어 '리쿠르고스' 체제의 운명을 봉인한 지 꼬박 150년이 지난 후에 아기스 4세와 클레오메네스 3세가 말라붙은 뼈만 남은 '리쿠르고스' 체제에 다시 살을 입히고 그 시체에 새로운 생명을 불어넣으려고 했다는 것이다. 마지막으로 부려본 이 재주에서, 스파르타인의 삶의 버려졌던 바퀴는 극도로 보수적인 노력에 의해서 과거로 아주 멀리 굴러가 실제로 혁명을 이루었다. 이 격렬한 운동은 마침내 오랫동안 혼란에 빠져 있던 구조를 파괴했다. 외과 수술 같았던 클레오메네스 3세의 시도는 하나의 사회 집단을 치료할 수 없었고 그래서 아예 죽여버렸다. 구부러진 갈대를 곧게 펴려다가 끊어버린 것이다. 꺼져가는 심지에 다시 불꽃을 일으키려고 바람을 불었다가 아예 꺼뜨린 꼴이다.

그후 스파르타는 완전히 과거의 꿈속에 살았고, 로마 제국의 첫 200년간 고대 그리스 세계 전역에서 유행한 상고주의라는 학문적 게임에 몰두할 때에 보여준 독특한 열정으로만 눈에 띄었다. 로마 제국 시대에 스파르타인들은 당대의 다른 사람들처럼 시대에 뒤진 지역 방언을 흉내내어 헌사를 작성하기를 즐겼다. 그런데 스파르타에서는 이 무해한 상고주의적 현학에 섬뜩한 성격의 다른 상고주의적 병적 현상이 적어도 하나 동반되었다. 아르테미스 오르티아의 제단에서 소년에게 채찍질을 하는 원시의 풍요 기원 의식은 '리쿠르고스' 체제에서 냉혹하지만 그래도 실용적인 목적에서 고통을 참는 경쟁으로 전환되었는데, 플루타르코스 시절에는 매질을 당해 죽는 것을 감수할 정도로 소년들을 흥분시키는 잔학 행위로 과장되었다. 플루타르코스는 스파르타의 소년과 훔친 여우에 관한 유명한 전설을 자세히 설명하면서 이렇게 썼다. "이는 오늘날의 스파르타 젊은이들에게 거짓말 같지 않을 것이다. 왜냐하면 나는 많은 소년들이 오르티아의 제단에서 매를 맞아 죽는 것을 직접 보았기 때문이다." 초인적인(아니면 비인간적인) 인내의 묘기가 어떠한 회피도 없이, 그렇지만 무익하게 수행되는 이 장면의 본질은 스파르타인 에토스의 특징이며 스파르타의 운명을 상징적으로 보여준다. 어떤 스파르티아테스가 영혼의 평화를 위해서 "그 모든 수고가 헛되지 않게 하소서"라고 기도했다면, 그 기도는 스파르타인의 입에서 분명코 헛되이 나왔기 때문이다.

스파르타의 바람이 무상했음은 로마의 역사가 타키투스가 기원후 25년 기독교 시대에 로마 제국의 연대기에서 기록한 중재 처리에 드러나 있다. 이는 다른 경우였다면 중요하지 않았을 것이다.

디아나 림나티스(아르테미스 림나티스) 신전의 사법상 지위와 관련하여 라케다이몬 사람들의 정부 대표단과 메세니아 정부 대표단에 발언 기회를 주었다. 라케다이몬 사람들은 그 신전을 라케다이몬 선조들이 라케다이몬 영토에 세웠다고 주장했고, 역사적이고 시적인 문헌 증거로 자신들의 주장을 뒷받침할 수 있다고 단언했다. 그들은 마케도니아의 필리포스가 전쟁 중에 그 신전을 강탈했고 이후 가이우스 카이사르와 마르쿠스 안토니우스가 제시한 법률적 견해에 힘입어 신전을 되찾았다고 밝혔다. 반면 메세니아인들은 옛적에 펠로폰네소스 반도가 헤라클레스의 후손들 사이에서 분할되었던 것을 거론했으며, 그 신전이 자리잡은 덴텔리아티스 지구가 자신들의 왕에게 할당된 몫의 일부였다고 주장했다. 이들은 비석과 상고기 청동에 새겨진 그 처리 기록이 여전히 존재한다고 단언했고, 문헌 증거의 힘이 필요하다면 자신들도 이러한 종류의 증거를 인용할 수 있으며 그 숫자와 온전함에서 라케다이몬 사람들을 이길 수 있다고 덧붙였다. 필리포스 왕의 결정에 관해서, 이들은 그것이 독단적인 권력 행사가 아니라 사실에 기반을 둔 행위였고 마케도니아의 왕 안티고노스와 로마 장군 뭄미우스의 동일한 판결로, 밀레토스 정부의 중재 결정으로, 가장 최근에는 로마의 아카이아 속주 총독인 아티디우스 게미누스의 결정으로 확인되었다고 주장했다. 이렇게 의견 표명이 있은 후, 판결은 메세니아 정부의 손을 들어주었다.

이렇게 기원후 1세기 기독교 시대에 스파르타인들은 기원전 8세기에 선조들이 처음으로 싸워서 얻고자 했고 점령도 했던 에우로타스 강 유역과 메세니아 사이의 산악 경계지대의 분쟁 지역을 두고 여전히 싸우고 있었다(이 마지막 싸움에서는 성공하지 못했다). 전승에 따르면 덴텔리아티스를 둘러싼 분쟁은 제1차 메세니아-스파르타 전쟁의 원인이었다. 적어도 800년이 지난 뒤에 똑같은 무의미한 땅 조각을 두고 같은 두 당사자가 벌인 같은 싸움이 이제 로마 황제 티베리우스의 중재 법정 앞에 미결 문제로 제시되었다. 단언하건대 스파르타인들이 진실로 역사 없는 민족이었음을 확인하는 데에 다른 증거는 더 필요하지 않다.

제4장

───

아시리아, 군사 강국

군사주의자의 맹목성은 신양성서에 나오는 유명한 비유의 주제
이다.

> 힘센 사람이 빈틈없이 무장하고 자기 집을 지키는 한 그의
> 재산은 안전하다. 그러나 그보다 더 힘센 사람이 달려들어
> 그를 무찌르면 그가 의지했던 무기는 모조리 빼앗기고 재
> 산은 약탈당하여 남의 것이 될 것이다.
> ──「루가의 복음서」 제11장 21-22절

군사주의자는 모든 분쟁이 법률 절차나 화해가 아니라 무력
으로 해결되는 사회 체제(아니면 반사회적 체제)에서 스스로 돌
볼 능력이 있다고 아주 확신하기 때문에, 폭력 체제와 조직적
평화 체제 간에 해결되지 않은 문제가 있으면 칼로 저울의 균형
을 깨뜨린다. 칼의 무게가 가져온 변화는 당연히 오래된 야만적
처리방식이 지속되는 데에 유리하다. 한번 더 자신의 의사를 관
철시켜 의기양양해진 이 군사주의자는 이제 그 최근의 승리를

무력의 전능함을 보여주는 최종적인 증거로 해석한다. 그러나 이 이야기의 다음 장을 보면 그가 오로지 자신만이 관심을 두는 특정 사례에서 그의 테제를 상대에게 증명하는 데에 실패했음이 드러난다. 왜냐하면 다음 사건이 그 자신이 더 강한 군사주의자에 의해서 쓰러진 것이기 때문이다. 그는 군사주의 체제를 연장하는 데에 성공했지만, 그로써 그저 자신의 목이 잘리는 것이 어떤 느낌인지 마침내 확실히 깨달았을 뿐이다. 아스테카인과 잉카인을 생각해볼 수 있다. 이들은 각각 자신들의 세계에서 자신들보다 더 약한 이웃과 싸워 그들을 무자비하게 무너뜨렸지만, 결국에는 에스파냐의 콩키스타도르에게 정복당했다. 정복자들은 다른 세계로부터 건너와서 그들의 무기로는 상대도 되지 않는 무기로 그들을 덮쳐 타격했다. 우리 자신을 생각해보아도 똑같이 잘 설명이 될 것이다. 아니 그러는 것이 훨씬 더 이로울 것이다.

그리스 신화의 크로노스 전설에는 "무장한 강자"가 고집을 굽히지 않다가 어떻게 불운을 자초하는지 잘 묘사되어 있다. 크로노스는 아버지 우라노스를 잔인하게 밀어내고 우주의 지배자가 되었지만, 이 찬탈자는 자기 아들 제우스의 손에 의해서 우라노스의 경험을 똑같이 겪는다. 우리는 제우스에게서 자신보다 더 현명하고 더 고귀한 다른 존재가 고통을 당한 덕분에 저도 모르게 구원을 받은 군사주의자의 초상을 본다. 프로메테우

스가 제우스를 구한 이야기는 겟세마네 동산에서 결정적인 순
간에 군사주의자의 범죄를 저지른 베드로를 구한 예수 이야기
의 그리스 판이다.

그때 예수와 함께 있던 사람들 중 하나가 칼을 빼어 대사제
의 종의 귀를 쳐서 잘라버렸다. 그것을 보시고 예수께서는
그에게 "칼을 도로 칼집에 꽂아라. 칼을 쓰는 사람은 칼로
망하는 법이다."
— 「마태오의 복음서」 제26장 51-52절

구약성서에서 군사주의자가 자초한 불편함의 전형적인 사례
는 벤하닷 1세와 아합의 이야기에서 볼 수 있다. 다마스쿠스의
아람 왕 벤하닷이 이스라엘 왕 아합의 도시 사마리아를 포위하
여 공격했다. 공격자가 포위된 도시에 사자를 보내서 가진 것을
전부 내놓으라고 요구하자, 아합은 나약하게 대답했다. "왕께서
말씀하신 대로 소신뿐 아니라 소신에게 있는 모든 것이 왕의 것
입니다." 그러나 벤하닷은 한껏 자세를 낮춘 적을 더욱 욕보였
다. 그는 두 번째 사자를 보내서 아합 왕에게 정복자의 부하들
이 그의 집을 수색하고 "값진 물건을 모두 가져올" 것이라고 알
렸다. 이에 아합은 첫 번째 요구는 수용하겠지만 두 번째 요구
는 거부한다고 답했다. 벤하닷이 불을 지르고 학살하겠다는 세

번째 전갈을 보내자, 아합은 이를 전하러 온 사자들에게 이렇게 말했다. "네 왕에게 이 말을 명심하라고 해라. '싸워보지도 아니 하고 으스대며 갑옷을 벗지 말라.'" 이후 벤하닷의 의지에 따라, 그리고 아합의 바람과는 반대로 두 왕 사이의 문제는 전면적인 충돌로 결정되었다. 이 싸움에서 공격자는 압도적인 패배를 당했다. 이 이야기는 벤하닷의 부하들이, 자신들과 그 주인이 이제 거꾸로 포위되어 공격을 받는 도시에서, 굵은 베옷을 허리에 걸치고 새끼줄을 머리에 감고 나오며 승리한 아합 왕에게 자비를 간청하는 극적인 장면으로 끝난다. 아합은 두 왕의 위치를 그토록 빠르게 바꿔놓은 '주객전도'에도 벤하닷의 실수를 되풀이하는 바보짓을 하지 않았다. "대왕의 신하 벤하닷이 목숨을 살려주시기를 빌고 있습니다." 이러한 전갈에 아합은 대답했다. "그가 죽지 않고 살아 있단 말이냐? 그는 나의 의형제이다." 아합의 명령에 따라서 예를 갖추어 벤하닷을 데려오자, 아합은 잘못을 뉘우치는 적과 (벤하닷이 서둘러 그에게 제시한 매우 유리한 조건으로) 조약을 맺고 곧바로 그를 놓아주었다.•

　다음으로는 아합과 벤하닷의 세대에 시리아 세계에 어두운 그림자를 드리웠던 아시리아 군사주의를 사례로 들 수 있을 것이다.

• 구약성서 「열왕기 상」 제20장의 내용이다.

기원전 614-610년 아시리아 군대가 최후를 맞이한 재앙은 기원전 197년과 기원전 168년에 마케도니아의 팔랑크스를, 기원전 53년과 기원후 378년에 로마 군단을, 1516-1517년과 1798년에는 이집트의 맘루크 왕조를 덮친 재앙보다 훨씬 더 강력했다. 마케도니아는 기원전 168년의 피드나 전투에서 로마에게 패배해 정치적인 독립을 상실했다. 로마 제국은 378년 아드리아노폴리스 전투에서 맞이한 재앙을, 패배한 군단을 '해체하고' 승리한 카타프락토스(kataphraktos)*를 채택하는 대가를 치르고 극복했다. 이집트 농민의 등을 짓누르는 맘루크의 악몽을 없애는 데에는 프랑스가 앞서 오스만 제국이 가한 타격을 되풀이하는 것이 필요했다. 이집트의 농민은 맘루크의 지배뿐만 아니라 프랑스와 오스만 제국의 지배도 버려냈다.** 반면, 아시리아 군대의 종말을 가져온 재앙은 아시리아의 전쟁 수행 능력을 파괴했을 뿐만 아니라 아시리아 국가의 소멸과 아시리아인의 절멸을 초래했다. 기원전 614-610년에, 2,000년 넘게 존속했으며 약 250년간 서남 아시아에서 지배자의 역할을 수행했던 공

• 중기병.

•• 1517년 오스만 튀르크가 이집트의 맘루크 술탄국을 점령했으나 군사 계급인 맘루크는 계속 지배 계층으로 존속했고, 이들의 영향력 때문에 술탄은 이집트를 통제하는 데 애를 먹었다. 1798년 프랑스 총재정부의 결정에 따라서 나폴레옹이 동양군을 이끌고 이집트를 침공했다.

동체가 거의 완전히 지워졌다.

들리느냐? 저 채찍질 소리. 병거 바퀴 돌아가는 저 요란한
소리. 말은 소리치고 병거는 치닫는다.

칼과 창을 번개처럼 번쩍이며 기마병이 말 타고 달려든
다. 다치는 사람은 수도 없고 주검은 너저분하게 널려 있
다. 산더미처럼 쌓인 시체는 가는 곳마다 발에 차인다……
오호라, 아시리아의 임금아, 네 목자들은 영영 잠들었구나.
네 용사들은 깰 수 없는 잠에 빠졌구나. 네 군대는 다시 모
을 길 없이 이 산 저 산에서 흩어졌다.

　　　　　　　　　　　　　　—「나훔」 제3장 2-3절, 18절

　이 경우에 희생자의 저주는 결국 놀랍도록 정확하게 실현되
었다. 그들은 살아서 압제자의 몰락을 목도했다. 기원전 401년
소(小)키루스의 1만 그리스인 용병대는 쿠낙사의 전장으로부터
흑해 연안을 향해서 티그리스 강 상류로 후퇴할 때 칼루(칼라)
와 니네베가 있던 자리를 연이어 지나가면서 크게 놀랐다. 요새
의 거대함과 그것이 차지한 영역의 크기가 아니라, 그토록 웅대
한 인간의 축조물이 사는 사람도 없이 버려져 있다는 사실에 놀
랐다. 생기 없이 빈껍데기만 남아서 패자의 삶을 증언하는 그곳
의 섬뜩함은, 자신의 경험을 상세히 설명한 그리스 원정군의 일

원이 뛰어난 문학적 솜씨로 생생하게 전달한다. 그러나 크세노폰의 이야기를 읽는 현대의 서구 독자에게 한층 더 놀라운 것은 (지금의 독자들은 고고학자들이 이룬 성취 덕분에 아시리아의 역사를 크세노폰만큼이나 잘 알고 있다), 이 버려진 두 도시의 불가사의함이 크세노폰의 상상력에 깊은 감명을 주고 그의 호기심을 날카롭게 자극하기는 했어도 그가 그 진정한 역사에 관한 가장 기본적인 사실조차도 배울 수 없었다는 사실이다. 두 도시의 주인들은 크세노폰이 그 길을 지난 때로부터 200년을 약간 더 넘는 시간을 거슬러올라간 시점에 예루살렘에서 아라라트 산까지, 엘람에서 리디아까지 서남 아시아 전역을 지배했지만, 크세노폰이 그들에 대해서 줄 수 있는 최상의 설명(아마도 그리스 군대의 현지 안내자들이 전한 이야기를 전거로 삼았을 것인데)은 거의 2,500년에 이르는 기간 동안 '민간전승'에 희석되어 전해진 뒤에 헤로도토스의 저작에 포함된 이집트 피라미드 건설자들의 설명보다 더 터무니없다. 크세노폰이 들은 이야기에 따르면, 칼루와 니네베는 메디아의 도시로서 키루스 대왕(키루스 2세)이 메디아의 왕 아스티아게스로부터 그 제국을 빼앗으려고 하면서 페르시아인에게 포위되었으나, 페르시아인들이 급습하여 빼앗기는 어렵다고 판단한 뒤, 불가사의하게도 신의 개입에 의해서 주민들이 소멸했다. 지나가는 그리스인 탐문자의 귀에 들어온 당시의 전승에서는, 이 두 도시에 더하여 아시리아의 두 번째 수도와 세 번째 수도가 있던 자리에는 아시리아라는 이름조차 결부되지 않았다.

사자 굴은 어찌 되었느냐? 사자 새끼가 우글거리던 그 바위굴은 어찌 되었느냐? 수사자가 나가도 암컷과 새끼들이 겁도 없이 기다리더니.

—「나훔」 제2장 12절

바빌론에서 수사로 이어지는 길 위의 시타케에서 티그리스 강을 건너 강의 왼쪽 기슭으로 넘어가는 대신 강 오른쪽 기슭으로 행군했다면, 그들은 신(新)아시리아 제국의 첫 번째 수도이자 제국의 이름을 있게 한 수도인 아수르를 지나갔을 것이고 이곳의 폐허에서 아시리아라는 이름의 역사적 권리를 잊지 않은 채 여전히 살고 있는 소규모의 비참한 주민들을 발견했을 것이다. 그러나 칼루와 니네베에 관한 크세노폰의 얼토당토않은 설명은 고고학자들이 아수르를 점거하고 살던 자들이 남긴 흔적에서 발견한 것보다 더 '철학적 진실'에 가깝다. 기원전 614-610년의 대재앙이 사실상 아시리아를 지워버렸기 때문이다. 그리고 크세노폰 시대의 아케메네스 왕조 페르시아 제국에 잔존해 있던 아시리아인 노예들은 한때 아시리아의 군사주의자들이 짓밟아 뭉개버렸던(그들은 그렇게 생각했다) 주변 민족들의 남은 사람들과 비교할 수 없을 만큼 눈에 띄지 않았다. 니네베나 칼루라는 이름과 그 독립성이 잊힌 시대에는 기원전 639년경에 아슈르바니팔 군대에 약탈당했던 수사가 아시리아인 습격자들이 도달했던 가장 먼 지점을 넘어서는 엄청난 거리에 걸친 영역을 실질적으로 지배한 제국의 수도였다. 보조 수도 중 하나는 바빌론이었는데, 이곳은 기원전 689년에 센나케립에 의해서 약탈당한 적이 있다. 아시리아인들이 기원전 9세기부터 기원전 7세기까지 끝없이 괴롭히고 약탈했던 페니키아의 도시 국가들은 이제 시리아의 '세계 국가'의 일원으로서 자치를 누렸고 이에 만족했다. 아시리아의 도리깨질에 늘씬하게 두들겨 맞았던 내륙의 시리아 공동체들과 히타이트 공동체들도 교주가 지배하는 신전 국가를 가장하여 용케도 이전에 누렸던 것과 유사한 국가의 지위를 유지했다. 사실상 아시리아가 몰락하고 200년도 채 지나기 전에 아시리아의 군사주의자들이 다른 이들을 위해서, 특히 자신들이 가장 악의적으로 이용한 자들의 이익을 위해서 헛일을 했다는 것이 분명해졌다. 아시리아는 자그로스 산맥과 토로스 산맥의 고지대 사람들을 짓밟아 키메리아와 스키티아의 유목민이 바빌로니아 세계와 시리아 세계를 급습할 수 있도록 통로를 열어주었다. 아시리아는 또한 시리아의 파멸한 민족들을 제국의 반대쪽 끝으로 추방함으로써 시리아 사회가 아시리아인들이 속했던 바빌로니아 사회를 포위하고 결국에는 그 사회를 동화시킬 수 있게 했다. 아시리아는 서남 아시아 중심부를 온힘을 다해서 정치적으로 통일함으로써 자신들의 '계승 국가'인 메디아와 바빌로니아, 이집트, 리디아, 그리고 이 계승 국가들을 모두 물려받은 상속자인 아케메네스 왕조 페르시아 제국에 기반을 마련해주었다. 이러한 비교와 대조가 보여주듯이 아시리아의 오랜 폭력 행위의 결과로 그 괴물이 희생자들보다 훨씬 더 나쁜 결말을 맞이한 이유는 무엇인가?

희생자들은 과거를 돌이켜보며 "신의 질투"를 떠올린 후에야 이 엄청난 '주객전도'를 설명할 수 있었다.

> (보라, 아시리아인은) 가지가 멋지게 우거져 그늘이 좋고 키가 우뚝 솟아 꼭대기 가지는 구름을 뚫고 뻗은 레바논의 송백……
> 하느님 동산에서 자란 어느 송백이 이만하랴! 전나무 가지도 그만큼은 되지 않았고 플라타너스도 그만큼은 무성하지 못하였다. 하느님 동산 어느 나무가 이만큼 멋지랴!
> 나는 이 나무를 가지도 무성하게 멋지게 키웠다. 하느님의 동산 에덴에 있는 나무들조차 모두들 부러워하도록.
> 그래서 주 야훼가 말한다. "이 나무가 스스로 키 크고 그 꼭대기 가지가 구름을 뚫을 만큼 높다고 으쓱해져서 우쭐대므로, 내가 이 나무를 뭇 민족을 거느린 우두머리에게 넘

겨주었다. 못할 짓을 한 만큼 그대로 갚아, 내쫓은 것이다.
뭇 민족 가운데서도 포악한 침략자들이 이 나무를 베어 산
에 내던졌다. 그래서 잎사귀들은 모든 골짜기에 너저분하
고 무성한 가지는 부러져 이 계곡 저 계곡에 흩어졌으며
세상 모든 민족이 이 나무를 내버려두고 그 그늘에서 도망
쳐버렸다."

—「에제키엘」 제31장 3절, 8-12절

이 경우에 "신의 질투"의 작동을 불행에 휩쓸린 피조물의 행
동의 관점에서 해석할 수 있는가? 언뜻 보면 아시리아의 운명
은 이해하기 어렵다. 아시리아의 군사주의자들에게 우리가 마
케도니아인과 로마인, 맘루크의 파멸의 원인으로 돌렸던 소극
적 일탈의 죄를 물을 수 없기 때문이다. 그들은 "노를 접고" 있
었다. 맘루크와 로마, 마케도니아의 전쟁 수행 능력이 그 최후
의 재난과 마주쳤을 때, 이들은 각각 오래 전부터 활력이 없었
고 어찌할 도리가 없는 퇴물이었으며 충격적일 만큼 회복 불가
능 상태에 있었다. 반면 그 최후의 재난이 철저했다는 점에서만
돋보이는 아시리아의 전쟁 수행 능력은 파멸의 날에 이르기까
지 내내 철저한 점검과 혁신, 보강이 효율적으로 이루어졌다는
점(즉 반대의 의미)에서 다른 나라들과 차별된다. 기원전 14세
기 아시리아가 서남 아시아를 처음으로 지배하려고 하기 직전

에 호플리테스(hoplites)*의 싹을, 기원전 7세기 아시리아가 몰락하기 직전 카타프락토스 궁수의 싹을 틔운 군사적 재능은 그 사이의 700년 동안에도 내내 생산적이었으며, 아시리아의 군사주의가 세상에 분출된 네 차례 역사적 승부의 마지막 격발에서 가장 생산적이었다. 역동적인 창의성과 끊이지 않는 개선의 열정을 전쟁 기술에 적용한 것은 후기 아시리아의 에토스에 드러나는 특징이다. 그러한 창의성과 열정은 왕궁의 유적에서 발견되는 일련의 얕은 부조가 더할 나위 없이 증명한다. 그러한 얕은 부조에는 아시리아 역사의 마지막 300년간 그 군사 장비와 군사 기술의 연이은 발전 국면이 세세한 부분에 이르기까지 매우 정밀하게 그림으로 기록되어 있다.

이러한 증거에서 우리는 기원전 825년경의 세 번째 승부의 종결과 200년 뒤의 네 번째 승부의 종결 사이에 다음과 같은 개선이 이루어졌음을 탐지할 수 있다. 아슈르나시르팔 2세** 시절의 기마 보병(유목민을 흉내 낸 것이 분명하며, 거추장스러운 보병의 방패를 내던지지 못한 채로 말 등에 올라탔다)은 이제 갓 등장한 카타프락토스로 바뀌었다. 카타프락토스는 방패를 내던지고 그 대신 잘 구부러지는 흉갑을 착용했다. 방패 효과를

• 중장 보병.
•• 재위 기원전 883~859년.

지닌 이 기병 장비는 흉갑 자체의 형태와 재료의 개선을 통해서 나타날 수 있었다. 앞선 시대에는 속을 채워서 누빈 카프탄(caftan)이나 가죽 카프탄을 목부터 무릎까지 덮어서 흉갑 대용물로 썼는데, 이를 대체한 새로운 흉갑은 쇠 미늘로 허리 부분까지 이어지도록 만들어졌다. 그래서 기병의 다리가 노출되었는데, 넓적다리까지 올라오는 긴 양말과 장딴지까지 올라오는 장화가 노출된 다리를 보호했다. 이러한 양말과 장화 덕분에 보병은 험한 시골에서도 맨발을 대신할 수 있는 것이라고는 샌들이 전부였던 시대에 비해서 더 쉽게 움직일 수 있었다. 같은 기간 동안 전차도 많이 개선되었다. 예를 들면, 바퀴의 지름이 커졌고 차체의 측면이 높아졌으며, 탑승자의 숫자도 늘어났다. 두 명의 방패지기가 추가되어 고삐를 잡는 병사와 궁수를 보호했다. 보병 궁수를 가려주는, 버들가지를 엮어서 만든 차폐물의 형태에도 개선이 이루어졌다. 그러나 가장 큰 개선은 아마도 얕은 부조의 그림에 나타난 증거가 아니라 비문의 문구가 알려주는 것이리라. 그것은 바로 왕의 상비군 제도로, 필시 티글라트 필레세르 3세(재위 기원전 745-727년)나 사르곤 2세(재위 기원전 722-705년)의 업적이었을 것이다. 상비군은 아시리아 왕정이 이전에 야전군을 구성할 때에 의존했던 시민군을 대체한 것이 아니라 그 중핵 역할을 했다. 그럼에도 상비군의 설치는 틀림없이 아시리아 군대의 효율성을 전반적으로 끌어올렸을 것이며 앞에서 언급한 기술 개선이 확실하게 최대의 효과를 낳도록 했다.

200년간의 꾸준한 전쟁 기술 발전으로 대재앙 직전 아슈르바니팔 시절(재위 기원전 668-627년)의 아시리아 군대는 모든 임무에 잘 대비되어 있었다. 여러 전문 분야의 특화된 부대들로 과학적으로 분화했기 때문이다. 전차병, 카타프락토스에 준하는 기마 궁수, 투구에서 장화까지 갖춘 중장 보병 궁수, 머리띠와 허리에 걸치는 옷과 샌들에 목숨을 맡긴 경장 보병 궁수, 활과 화살통 대신 창과 방패를 든 것 말고는 중장 보병 궁수와 동일하게 무장한 호플리테스, 마찬가지로 창과 방패를 들었지만 흉갑 대신에 멜빵으로 고정하는 가슴받이를 착용한 펠타스트(peltast)가 있었다. 공병대도 있었을 것이다. 투석기가 아니라 공성망치와 공성탑으로 구성된 공성포열이 분명히 있었기 때문이다. 이러한 무기들이 제 역할을 마치고 적의 성채 벽에 구멍을 뚫으면, 아시리아의 군사 지도자들은 밀집한 궁수 부대에서 일제히 화살 세례를 퍼부어 공격 부대를 엄호할 수 있었다. 그렇게 잘 조직된 아시리아 군대는 공성 작전이나 산악전, 평원에서의 정면 대결에 똑같이 잘 대비되어 있었다. 기술 분야의 적극적인 태도는 전술과 전략의 적극적인 태도로 뒷받침되었다. 아시리아인들은 공격의 궁극적인 가치를 확고히 신뢰하는 자들이었다.

힘이 빠져 비틀거리는 자도 없고 졸거나 잠자는 자도 없다.
혁대가 풀린 자도, 신 끈이 끊어진 자도 없다.

　화살은 날카롭게 날이 섰고, 활시위는 팽팽하고 말발굽
은 차돌같이 단단하고 병거 바퀴는 돌개바람처럼 돌아간다.

　암사자처럼 고함지르고 새끼 사자처럼 소리 지른다. 으
르렁거리며 먹이를 덮쳐 으슥한 곳으로 몰고 가니 빼낼 자
가 없구나.

—「이사야」 제5장 27-29절

　이 정신은 아시리아가 제국의 수도는 이미 급습을 받아 파괴
된 상황에서 잃어버린 대의를 위해서 싸웠던 기원전 610년 하
란 전투에 관하여 스스로 제시한 설명이 잘 보여준다. 전멸 직
전의 아시리아 군대가 결코 기원전 168년의 마케도니아 군대나
기원후 378년 로마 군대, 1798년 맘루크 군대와 동일한 상황에
있지 않았음은 분명하다. 그렇다면 아시리아 군대는 왜 그들보
다 더 섬뜩한 재앙을 겪었는가? 대답은 이렇다. 파멸이 아시리
아 군대를 덮쳤을 때, 그들의 전투적인 정신에 깃든 적극적인
태도가 이를 더욱 악화시켰다.

　우선, 아시리아의 군사 지도자들은 중단 없는 공세라는 정책
을 취했고 이 정책의 실현에 도움이 되는 수단을 소유했기 때문
에 네 번째 마지막 승부에서 조상들이 벗어나지 않은 경계 너머

로 모험적인 사업을 확장하고자 했다. 아시리아는 한편으로는 자그로스 산맥과 토로스 산맥 고지대의 야만인에 맞서서, 다른 한편으로는 시리아 문명의 개척자인 아람인들에 맞서서 바빌로니아 세계의 변경을 지키는 문지기 역할을 이행하는 데에 우선적으로 군사적 재원을 투입할 수밖에 없었다. 아시리아는 앞선 세 차례의 승부에서 이 두 전선에서 방어적 태세를 공세로 전환하는 데에 만족했다. 이 공세를 끝까지 밀고 나가지 않았으며 군대를 다른 목적에 낭비하지도 않았다. 그랬는데도 기원전 9세기 중반 50년간에 걸친 세 번째 승부는 시리아에서 일시적으로 시리아 국가들의 동맹을 유발했고, 이 동맹이 기원전 853년 카르카르에서 아시리아의 진격을 저지했다. 또한 아르메니아에 우라르투 왕국이 건설됨으로써 아시리아는 더 막강한 반격을 받았다. 야만족이었던 이들은 아시리아의 공격에 동등한 조건으로 저항하고자 아시리아 문화를 차용하여 군비를 갖춘 군사 강국이 되었다. 이러한 경고가 있었음에도, 티글라트 필레세르 3세는 아시리아의 공세로는 가장 컸던 마지막 공세에 착수하면서 각각 자신들만큼이나 강력한 군사 대국이 될 가능성이 있는 새로운 적, 즉 바빌로니아와 엘람과 이집트와의 충돌을 초래할 정치적 야심을 품었고 군사적 목표를 세웠다.

티글라트 필레세르 3세는 시리아의 작은 나라들을 복속시키는 데에 몰두하면서 후계자들에게 이집트와의 충돌을 준비하게 했다. 이집트로서는 아시리아 제국이 자신들의 아시아 쪽 국경까지 확장되는 데에 냉담할 수가 없었기 때문이다. 그리고 이집트는 아시리아 제국 건설자들이 이집트를 정복하는 한층 어려운 일에 착수하여 자신들의 과업을 완성하기로 결심하지 않으면, 또는 그렇게 결심할 때까지 그 과업을 좌절시키거나 망쳐버릴 수 있는 위치에 있었다. 기원전 734년 티글라트 필레세르 3세의 대담한 필리스티아 점령은 기원전 733년 사마리아의 일시적인 항복과 기원전 732년 다마스쿠스의 몰락을 이끌어낸 훌륭한 전략적 조치였을지도 모른다. 그러나 이로 인해서 시리아-이집트 경계에서 기원전 720년에는 사르곤 2세가, 기원전 700년에는 센나케립이 이집트와 충돌했다. 그리고 결말을 보지 못한 이 싸움들은 에사르하돈 왕이 기원전 675년과 기원전 674년, 기원전 671년의 종군에서 이집트를 나일 강 삼각주에서 테바이스*까지 포함하여 정복하고 점령하는 결과를 가져왔다. 그후 아시리아가 이집트 군대를 무찌르고 이집트 땅을 점령하고 그 위업을 되풀이할 정도로 강력하기는 했지만 이집트를 억누를 만큼 강하지는 않았다는 점이 분명해졌다. 기원전 669년 에사르하돈은 한 차례 더 이집트를 향해서 진군했으나 그때 죽음이 그를 덮쳤다. 기원전 667년에 발생한 이집트인의 반란은 아슈르

• 상(上)이집트의 일부 지역을 일컫는 말.

바니팔이 성공리에 진압했지만, 기원전 663년에 그는 다시 이집트를 정복해야 했다. 이때쯤이면 아시리아 정부는 이집트 문제가 프시케의 과제*였음을 깨달았을 것이다. 기원전 658-651년 이집트 왕 프삼티크 1세가 아시리아의 주둔군을 조용히 내쫓았을 때, 아슈르바니팔은 모르는 척 상황에 눈을 감았다. 아시리아의 왕이 이러한 방식으로 이집트에서 손실을 줄인 것은 의심의 여지없이 현명한 처사였지만, 사후에 얻은 이러한 깨달음은 다섯 차례의 이집트 원정에 쏟은 힘이 낭비였다고 고백하는 것이나 마찬가지였다. 아슈르바니팔이 철수했어도 기원전 675년 이전의 상황은 회복되지 않았다. 기원전 7세기 50년대에 이집트를 상실한 것은 다음 세대에 일어날 시리아 상실의 전주곡이었기 때문이다.

티글라트 필레세르 3세의 바빌로니아 개입이 가져온 최종적인 결과는 그가 시리아에서 펼친 전진 정책의 결과보다 훨씬 더 중대했다. 그것의 직접적인 결과가 기원전 614-610년의 재앙이기 때문이다.

기원전 745년에 아시리아가 이 지역을 공격한 것은 분명히 기원전 8세기 첫 10년에 우호적인 합의로써 아시리아와 바빌로니아의 경계를 (아시리아에 결정적으로 유리하게) 정한 조약을

• 실현 불가능한 과제.

어긴 것이었으리라. 티글라트 필레세르 3세는 필시 바빌로니아가 그때 이후로 빠져든 혼란이, 경계 너머 아시리아 쪽으로도 확산되고 있다는 핑계로 자신의 행동이 정당함을 주장했을 것이다. 그리고 그는 바빌로니아로 진군해 들어간 뒤에 바빌론 시민들로부터 일종의 위임을 받았던 것으로 보인다. 바빌론 시민들은 오랫동안 이웃에 눌러앉은 문화적으로 유사한 왕국의 주권자에게서 그 지역 유목민인 아람인과 칼데아인의 고조되는 기세에 맞서서 바빌로니아의 시민 생활을 지켜줄 보호자를 보았기 때문이다. 티글라트 필레세르 3세와 그의 계승자들이 바빌로니아에 대한 아시리아의 관여를 최소한으로 억제하고 병합을 피하고자 했다는 것이 진정 사실일지도 모른다. 기원전 745년 티글라트 필레세르 3세는 바빌로니아의 왕 나보나사르*의 왕위를 유지시켰다. 티글라트 필레세르 3세는 11년 뒤 나보나사르가 사망한 후에야, 그리고 그 아시리아의 보호국에 맞서서 연이어 반란을 일으킨 칼데아인 부족들을 진압하고 나서야 기원전 729년에 "벨(Bel)**의 손을 잡았다." 샬마네세르 5세도 이 선례를 따랐지만, 그 계승자인 사르곤 2세는 칼데아인이 훨씬 더 심각한 두 번째 반란을 일으킨 후인 기원전 710년에야 어쩔

• 재위 기원전 747-734년.
•• 바빌로니아의 신.

수 없이 선례를 따라서 "벨의 손을 잡았다." 그때에도 이 아시리아인 승자는 패배한 칼데아인 반란의 우두머리 메로다크 발라단(마르두크 아플라 이디나) 2세와 화합을 추구했다. 이후 기원전 705년 센나케립이 아버지 사르곤 2세의 뒤를 이어 왕이 되었을 때, 그는 의도적으로 바빌로니아 왕위를 취하지 않으려고 했다. 기원전 703년 칼데아인이 새로운 반란을 일으켜 개입이 불가피해졌을 때에도, 센나케립은 바빌로니아 왕위를 먼저 아시리아에 동화된 바빌로니아의 어느 귀족에게, 이어 아시리아의 왕위 후계자가 아닌 왕자에게 주었다. 기원전 694-689년의 대반란을 겪고 난 후에야 센나케립은 아들이자 왕위 계승자인 에사르하돈을 총독으로 세움으로써 바빌로니아의 독립에 공식적으로 종지부를 찍었다.

이러한 사실들로 보아 바빌로니아에 대한 아시리아의 정책이 온건했음이 증명되는 것 같다. 그러나 이 사실들은 그 정책이 실패했다는 한층 더 결정적인 증거이다. 아시리아 정부는 자신들의 지속적인 인내에도 아랑곳없이 더욱 빈번해지고 강력해졌을 뿐인 칼데아인의 반란에 거듭 손을 써야만 했다. 그리고 아시리아의 개입은 바빌로니아의 혼돈에서 질서를 이끌어내는 기적을 연출했지만, 이 질서는 결코 아시리아의 후원으로 달성된 것이 아니라 꾸준히 세를 늘리고 패배를 양분 삼아서 왕성해진 아시리아 반대 운동의 부산물이었다.

100년간 이어지다가 결국 메디아와 바빌로니아의 대동맹으로 정점에 도달한 과정의 첫 단계는 기원전 731년에서 기원전 721년 사이에 비트야킨족 부족장 메로다크 발라단의 지휘로 바빌로니아의 칼데아인 부족들이 전부 정치적으로 통합된 것이다. 그 다음 단계는 칼데아인과 엘람 왕국의 동맹이었다. 엘람 왕국 정부는 티글라트 필레세르 3세의 바빌로니아 개입에 크게 놀랐다. 훗날 이집트인들이 티글라트 필레세르 3세의 후손들의 필리스티아 개입에 놀란 것만큼이나 크게 놀랐다. 메로다크 발라단은 엘람인과의 동맹에 힘입어 기원전 721년 바빌론에 입성할 수 있었고, 비록 이 단계에서 수도의 주민들이 여전히 이방인이 눌러앉아 펼치는 통치보다 현지 유목민의 통치에 더 넌더리를 치기는 했지만, 그곳에서 바빌로니아 왕으로서 12년을 통치했다. 기원전 710년 메로다크 발라단은 사르곤 2세의 군대에 의해서 내쫓겼지만, 그의 이력은 끝나지 않았다. 기원전 705년 그 아시리아인 정복자가 사망한 뒤, 지칠 줄 모르는 이 칼데아인은 샤미야와 하마드*의 아랍인들과 관계를 맺었고 유다 왕국의 왕 히스기야처럼 먼 곳에 있는 아시리아의 적에게 사절을 파견했다. 이후 기원전 703년 메로다크 발라단은 동맹자인 엘람인들의 도움을 받아서 바빌론을 다시 차지했다. 비록 메로다크

• 시리아의 사막.

발라단은 그해가 가기 전에 아시리아 군대에 의해서 두 번째로 쫓겨나고 엘람에서 망명객으로 지내다가 몇 년 뒤에 사망했지만, 이 칼데아인 지도자를 제거했다고 해서 아시리아 정부가 칼데아인 문제의 해법에 더 가깝게 다가간 것은 전혀 아니었다. 왜냐하면 계속해서 엘람의 지원을 받은 칼데아인 부족들은 자신들의 전투 능력을 없애려는 센나케립의 시도에 성공적으로 저항했기 때문이다. 칼데아인 부족은 이 아시리아의 군사 지도자가 바빌로니아에 있는 부족의 땅을 점령하고 폐허로 만들자 페르시아 만 입구의 습지대와 강변의 진흙지대로 피신했다. 기원전 694년 센나케립은 수상 요새에 웅거한 칼데아인들을 수륙 합동 작전으로 괴멸하고자 티그리스 강가에 함대를 건설하여 페니키아인들을 수병으로 채우고 아시리아 병사들을 태웠지만, 이는 엘람인에게 기회를 주었을 뿐이다. 엘람은 센나케립의 병참선을 급습했고 바빌론에 들어가 센나케립이 세운 꼭두각시 왕을 포로로 잡아갔다. 이듬해 야전에서 센나케립이 엘람을 격파하고 자신의 꼭두각시를 대신하여 바빌로니아 왕좌에 앉은 그들의 꼭두각시를 잡아왔지만, 이 또한 그에게 이득이 되지는 않았다. 바빌론을 되찾는 데에 실패했기 때문이다. 그리고 빈 왕좌는 명망 있는 인물이었던 무셰지브 마르두크가 차지했다. 그는 수도의 시민들로 하여금 아시리아에 우호적인 정책을 버리도록 하는 데에 성공했다.

기원전 693년 이렇게 바빌론이 아시리아 진영에서 이탈하여 칼데아–엘람 진영으로 넘어간 것은 장구한 반(反)아시리아 전선 형성 과정에서 결정적인 사건이었을 것이다. 아시리아인들이 늘 그러했듯이 칼데아와 엘람의 연합 세력에 승리를 거두었고 결국 기원전 689년에 바빌론을 약탈함으로써 그들에게 교훈을 가르칠 수 있었다고 해도, 바빌론은 아시리아가 가르치고자 했던 것과는 정반대의 교훈을 배웠기 때문이다. 아시리아인들은 그 세계의 문화 수도였던 도시를 불경스럽게 능욕함으로써 바빌로니아 사람들 스스로는 결코 얻을 수 없었을 정치적 마법을 발휘했다. 이 아시리아의 '공포'가 침입자 유목민은 물론이요 그 고대 도시의 주민들 사이에 불러일으킨 뜨거운 공통의 증오에서, 시민들과 부족민들은 그때까지 그들 사이를 갈라놓았던 상호 간의 적대감을 잊었으며 새로운 바빌로니아 민족으로 융합되었다. 이들은 아시리아로부터 당한 고초를 잊을 수도 용서할 수도 없었으며, 압제자를 무너뜨릴 때까지 결코 쉴 수 없었다.

기원전 745년 티그라트 필레세르 3세가 부지불식간에 착수한 이 길고 비극적인 과정의 끝에서 두 번째 단계에서, 바빌로니아 내부의 반(反)아시리아 정서는 너무도 강력했기 때문에 강압에 힘입어 바빌로니아 왕좌에 오른 아시리아의 왕자이자 아시리아 왕의 형인 자의 영혼을 지배하고 굴복시켜서 자신들의 뜻을 따르게 할 수 있었다. 기원전 654년경 아슈르바니팔은 바빌로니아 왕국과 왕국의 지방에 거주하는 칼데아인과 아람인 부족들, 엘람 왕국, 북부 아랍, 시리아 남부의 몇몇 군주국, 아시리아의 지배가 끝난 뒤 근자에 이집트를 차지한 '계승 국가들'의 적대적인 연합으로 인해서 아시리아 제국의 존립이 위협받고 있음을 깨달았다. 이 반(反)아시리아 연합 세력은 메로다크 발라단이나 무셰지브 마르두크가 결집시켰던 것보다 훨씬 더 광범위했는데, 아슈르바니팔의 형인 바빌로니아의 왕 샤마슈슈무킨이 지휘했다. 샤마슈슈무킨이 그때까지 아버지 에사르하돈의 정치적 유언에 따라서 약 15년간 아슈르바니팔의 호의로 평화롭게 바빌로니아 왕좌를 지키고 있었음을 생각하면, 그의 행동은 상당히 의외로 비칠 것이다. 더군다나 엘람은 막(아마도 샤마슈슈무킨이 명운을 걸고 그 나라를 지원하기로 결정했던 해의 직전 해일 것이다) 아시리아 군대에 그 역사상 최악의 패배를 당한 참이었다. 이 패배에서 엘람의 왕과 왕세자가 사망했고 두 개의 왕궁 도시가 모두 점령당했다. 이러한 사실들로 보건대 샤마슈슈무킨을 설득한 바빌로니아 민족 운동의 힘이 어느 정도였는지 짐작할 수 있을 것이다.

이 위기에서 아시리아의 군대는 한 번 더 승리를 거두었다. 반역자 샤마슈슈무킨은 기원전 648년 바빌론이 굶주려 항복했을 때에 왕궁에서 제 몸에 불을 질러 산 채로 타 죽음으로써 더 나쁜 운명을 피했다. 기원전 639년경 엘람은 아시리아 군대로부터 궤멸적인 타격을 받았고, 그로 인해서 버려진 엘람의 영토는 그 동쪽의 오지에서 내려온 페르시아 고지대 사람들의 지배를 받았으며, 100년 뒤 서남 아시아 전역의 지배자로 등장한 아케메네스 왕조는 바로 이 땅을 디딤돌 삼아서 무주공산을 장악했다. 그러나 기원전 654-639년의 전쟁에서 이렇게 바빌로니아 민족 운동 내부의 아시리아 요소와 엘람 요소가 희생되었어도 바빌로니아 민족 운동이 목표를 달성하는 데에는 지장이 없었다. 기원전 6세기 아케메네스 왕조가 무주공산을 발견했다면, 이는 기원전 7세기가 끝나기 전에 마침내 아시리아가 무너졌기 때문이다. 기원전 626년 아슈르바니팔이 사망한 직후, 바빌로니아는 새로운 민족 지도자의 지휘 아래 다시금 반란을 일으켰다. 새로운 지도자 나보폴라사르˙는 메로다크 발라단이 시작한 과업을 완수했다. 그는 사멸한 엘람 왕국을 대신할 더욱 강력한 동맹국을 새로운 왕국 메디아에서 발견했다. 기원전 654-639년의 전쟁에서 회복하지 못한 아시리아는 기원전 614-610년의 전쟁에서 소멸했다. 아시리아는 죽음 직전에 몰린 그 순간에도 야전에서 승리를 거둘 수 있었다. 기원전 610년 니네베와 아슈르는 물론 하란도 이미 약탈당해서 폐허가 되었고 군대는 나라

• 재위 기원전 626-605년.

에서 점령당하지 않은 마지막 장소에서 유프라테스 강을 뒤로 하고 싸우던 그 절멸전의 한 국면에서, 아시리아는 이전에 자신들의 속국이었고 이제는 후원자인 이집트 사이테 왕조의 도움을 받아서 바빌로니아를 하란으로 내몰았다. 그러나 이 최후의 승리는 분명 아시리아 군대의 필사적인 사투 끝에 얻은 것이었을 것이다. 이것이 아시리아 군대의 연보에 기록된 마지막 사건이기 때문이다.

기원전 745년 티글라트 필레세르 3세의 아시리아 왕 즉위와 더불어 시작하여 기원전 605년 카르케미시에서 바빌로니아의 네부카드네자르 2세가 이집트의 네코 2세에게 승리를 거두며 끝나는 150년간의 맹렬한 전쟁을 들여다보면, 가장 먼저 돋보이는 역사적 사건은 아시리아가 모든 공동체들을 파괴하며 연이어 보여준 '통렬한 일격'이다. 그들은 도시들을 난도질하고 민족을 통째로 포로로 끌어갔다. 열거하자면 이렇다. 기원전 732년 다마스쿠스 약탈, 기원전 722년 사마리아 약탈, 기원전 714년 무사시르 약탈, 기원전 689년 바빌론 약탈, 기원전 677년 시돈 약탈, 기원전 671년 멤피스 약탈, 기원전 663년 테베(이집트) 약탈, 기원전 639년경 수사 약탈. 아시리아 군대의 도달 범위 안에 있었던 모든 국가의 모든 도시 중에서 기원전 612년 니네베가 약탈당하기 직전까지 해를 입지 않은 것은 티로스(레바논)와 예루살렘뿐이었다. 아시리아가 이웃 민족들에 가한 손해와 고통은 추정할 수 없을 정도이다. 그러나 아시리아 군대의 활동에 대해서는 아시리아의 군사 지도자들이 부끄러운지도 모르고 득의양양하여 후세에 교훈이 되라고 자신들의 성과를 설명하며 했던 잔인한 이야기보다, 어린 학생에게 매질을 하며 내뱉는 위선적인 교장 선생의 터무니없는 말이 더 적절한 비판이 될 것이다. "맞는 너보다 때리는 내가 더 아프다."

아시리아가 외국에서 거둔 승리의 풍부하고 과도한 기록에 국내에서 겪은 힘든 일에 관한 더 드물고 더 짧은 기록을 추가하는 것이 중요하다. 이러한 기록을 보면 승리를 움켜쥐며 치러야 했던 대가가 어느 정도였는지 어렴풋이 알 수 있다. 그리고 아시리아의 군사력이 절정에 달했을 때에 그러한 국내의 연대기를 조사하면, 결국 승리가 죽음을 가져온 것이라고 해도 결코 이상하지 않다.

지나친 군사적 긴장에는 궁정 반란과 농민 폭동의 증가가 따라왔다. 일찍이 기원전 9세기 두 번째 공세가 끝나는 국면에서 기원전 827년 살마네세르 3세가 죽어갈 때 아들이 반역하여 그에 맞섰으며, 니네베와 아슈르, 아르벨라가 반란을 일으켰다. 아슈르는 기원전 763-762년에 다시 반란을 일으켰고, 기원전 761-760년에는 아라파(아라프카)가, 기원전 759년에는 고잔(구자나)이 반란을 일으켰으며, 기원전 746년 다시 아시리아의 수도였던 칼루의 반란 뒤에는 통치 왕조가 몰락했다. 티그라트 필레세르 3세는 역사적인 이름을 빌려서 그 밑에 출신을 감출 수 없었던 새롭게 성공한 인간(novus homo)이었다.* 그를 로마의 마리우스에 비유하여 아시리아의 마리우스라고 한다면, 이는 직업적인 상비군의 설치를 사회 해체가 어느 정도 진전된 단계에 있음을 보여주는 징후로 해석해야 함을 암시한다. 마리우스 시절의 이탈리아에서 상비군을 가능하게 한 동시에 필요하게 한 것은 전사 농민의 몰락이었다. 이들은 점점 더 멀어지는 전장에서 끝없는 복무 요구에 시달리면서 땅에서 유리되었다. 상비군은 실업자 '인력'이 축적되어 병사를 모집할 수 있었기 때문에 가능했고, 토지에서 생계 수단을 잃은 이들이 혁명을 통해서 불운과 불만을 분출하지 못하도록 하려면 그들에게 다른 일자리를 주어야 했기 때문에 필요했던 것이다. 아시리아의 상비군 설치에서도 동일한 사회 문제를 동일한 군사적 해법으로 해결하려는 유사한 시도를 발견할 수 있다. 그러나 티글라트 필레세르 3세 시대의 아시리아에서 이러한 군사적 해법은 마리우스 시절 이탈리아의 경우와 마찬가지로 국내의 분란을 가라앉히지 못했다. 티글라트 필레세르 3세를 뒤이은 샬마네세르 5세(재위 기원전 727-722년)는 티글라트 필레세르 3세의 선대왕들처럼

---

* 칼루의 총독이던 장군 풀루는 왕족을 몰살하고 왕위를 빼앗은 찬탈자로, 그 왕가의 선조 왕의 이름인 티글라트 필레세르를 취하여 합법적인 왕위 계승자인 척했다.

아슈르와 충돌했던 것 같다. 기원전 681년 센나케립은 아들의 손에 죽임을 당했는데, 그 아들은 분명히 바빌로니아 민족주의 자들과 공모했다. 아슈르바니팔의 제위(帝位)와 제국이 그의 형인 바빌로니아 왕 샤마슈슈무킨의 처사에 위협을 받았음은 앞에서 살펴보았다. 기원전 654년 이 변절한 아시리아 왕자는 반(反)아시리아 연합을 지휘했고, 이로써 국내의 내전(stasis)과 대외 전쟁의 두 물줄기가 하나로 합쳐졌다. 이는 아슈르바니팔의 사망 이후 거센 강물로 불어났고, 그 급류로 아시리아는 피할 수 없는 파멸에 휩쓸렸다. 아시리아 역사의 마지막 시절에 아시리아 해체의 대내적 측면과 대외적 측면은 도저히 구별할 수 없다.

다가오는 파멸은 쇠약해가는 아슈르바니팔의 영혼에 어두운 그림자를 드리웠다.

> 망자에게 제물을 올리고 나의 선조 왕들의 혼령에 제주를 올리는 관습은 그동안 실행되지 않았지만 내가 다시 들여왔다. 나는 신과 인간을, 죽은 자와 산 자를 잘 대접했다. 질병과 좋지 못한 건강, 고통, 불행이 내게 닥친 이유는 무엇인가? 내 나라의 분란과 내 가족의 불화를 참을 수가 없다. 마음을 어지럽히는 창피스러운 사건들 때문에 늘 괴롭다. 마음과 육신의 고통이 나를 짓누른다. 나는 고뇌에 울

부짖으며 삶을 마감하는구나. 도시의 수호신의 날에, 축제의 날에 나는 가련하다. 죽음이 나를 덮쳐 쓰러뜨리는구나. 나는 비탄과 한탄에 젖어 밤낮으로 울부짖는다. 나는 신음한다. "신이여, 불경한 자에게도 당신의 빛을 볼 수 있게 허락하소서." 오, 신이여, 언제까지 나를 이렇게 다루시겠나이까? 나는 신을 두려워하지 않는 자로 여겨졌구나.

이 고백은 인습적이지 않다는 점에서 돋보이며 진실하다는 점에서 감동적이고 당혹스러움을 표현한 점에서는 심지어 애처롭지만, 다른 무엇보다 무지하다는 점에서 계몽적이다. 그가 이런 기분에 사로잡혔을 때, 아시리아의 마지막 군사 지도자였던 이 사람은 자신이 아시리아 군대에 의해서 약탈당한 도시들과 파멸한 민족들의 끔찍한 목록을, 자신이 약탈한 수사와 멸망시킨 엘람이 포함된 목록을 조용히 읊고 있음을 전혀 알아차리지 못했는가? 이 고통스러운 군사주의자는 기억의 무게가 참을 수 없을 만큼 버거워서 기억이 자신을 덮칠 때마다 그로부터 필사적으로 벗어나고자 했는가? 어쨌거나 그의 계승자인 신샤리쉬쿤은, 아테네인들이 아이고스포타미 전투* 소식을 들었을 때에

---

* 기원전 405년 스파르타의 리산드로스가 아테네 함대를 격파하여 펠로폰네소스 전쟁을 끝낸 전투.

자신들의 악행의 망령에 끊임없이 괴롭힘을 당했듯이, 이 잊을 수 없는 기억이 자신에게 밀려왔을 때 그 순간을 버텨내야 했을 것이다.

파랄로스 호가 아테네에 도착하여 그 재앙을 알렸다. 사람들의 입에서 입으로 그 소식이 전해지면서 페이라이에우스 항구로부터 도심으로 이어지는 장성(長城)을 따라서 통곡이 퍼졌다. 그날 밤 아무도 잠들지 못했다. 사람들은 죽은 자들을 애도했지만 자신들을 위해서는 더욱 애통해했다. 자신들이 라케다이몬 사람들이 개척한 식민지 멜로스를 포위하고 그 도시를 점령하여 그 주민들에게 가한 고통스러운 운명을, 멜로스와 히스티아이아, 스키오네, 토로네(토로니), 아이기나, 그밖에 다른 많은 그리스 주민들에게 가한 고통스러운 운명을 자신들도 맞이할 것으로 예상되었기 때문이다. 다음날 아침 아테네인들은 민회를 열어서 하나를 제외한 모든 항구를 폐쇄하고, 전투에 대비하여 요새를 정비하고 병력을 배치하며, 포위 공격에 대비하여 도시의 철저한 방어태세를 갖추기로 결정했다.

기원전 405년 이 두려운 순간에 아테네의 데모스들이 느끼고 행동했던 것처럼, 기원전 612년 아시리아의 마지막 왕도 동맹군이자 이승에서 마지막 구원의 희망이었던 스키티아인들이 적의 편으로 넘어갔으며 적대적인 동맹의 연합군이 불가항력의 힘으로 니네베에 접근하고 있다는 소식을 들었을 때 틀림없이 비슷하게 느끼고 행동했을 것이다. 그러나 두 경우에 나머지 이야기는 동일하지 않다. 아테네의 데모스들은 항복했고 승자의 관대함에 목숨을 구했지만, 니네베의 신샤리쉬쿤 왕은 포위 공격에 굴하지 않고 끝까지 혹독하게 저항했으며 세 번째 공격에서 도시를 빼앗기자 백성과 함께 죽었다. 그렇게 아슈르바니팔이 가볍게 여겼던 파멸이 그의 계승자들을 덮쳤고, 이는 아슈르바니팔의 뒤늦은 후회나 전쟁 기구에서 평화 기술로의 부분적인 전환으로도 피할 수 없었다. 바빌로니아 문헌을 수집한 아슈르바니팔 도서관(아시리아 군사주의가 파괴한 문화를 보여주는 아시리아 박물관)과 훌륭한 얕은 부조(당대 아시리아 미술가들이 도안한 것으로 아시리아의 군사 기술에 의한 인간과 짐승의 체계적인 학살을 묘사하고 있다)는 기원전 612년의 니네베를 지식의 보고로, 기원전 405-404년의 아테네와 비교하기가 완전히 불가능하다고만은 할 수 없는 지식의 보고로 만들었다. 니네베의 보물은 폐허 속에 묻혔다가, 바빌로니아 사회를 자신들의 선조로 여기지 않는 문명의 전성기에 먼 후세를 풍요롭게 했다. 그러나 아테네는 살아남았는데 니네베는 소멸했다면, 이는 아시리아가 물리적 파괴가 덮치기 전에 이미 자살했기 때문이다. 아시리아가 국가로서 생존했던 마지막 150년간 아시리아인의 땅에서 그 모국어인 아카드어가 희생되고 아람어가 확실하게 발전한 것은 아시리아인들이 그 군사력이 절정에 도달했던 시기에 자신들의 활과 창에 포로가 되었던 사람들에 의해서 조용히 밀려났음을 증명한다. 인구 감소는 군사주의를 위해서 치러야만 했던 대가였다. 그 대가는 결국 아시리아 사회의 나머지는 물론이고 아시리아 군대에도 파멸을 초래했다. 기원전 612년 니네베에서 궁지에 몰려 저항했던 불굴의 전사는 "갑옷을 입은 송장"이었다. 그의 몸은 그 자살행위로 이미 질식해 죽을 때에 착용했던 육중한 군사 장비로만 곧게 세울 수 있었다. 메디아와 바빌로니아의 공격 부대가 그 완강하고 위협적인 전사에게 다가와서 그를 부서진 벽돌의 돌무더기 아래 해자 속으로 처박았을 때, 대담하게 명백히 결정적인 일격을 가하던 그 순간에 그들은 자신들의 적이 더는 살아 있는 인간이 아니었음을 의심하지 않았다.

제5장

니네베의 짐,
카롤루스 대제와 티무르

아시리아 군사주의의 초상을 상세히 묘사한 이유는 그것이 동일한 일탈의 여러 주목할 만한 사례들 중에서 모범이 되기 때문이다. "갑옷을 입은 송장"의 그림은 기원전 371년 레욱트라의 전장에 있었던 스파르타 팔랑크스의 환영을 불러낸다. 이웃을 겨냥하여 무절제하게 절멸전을 수행하다가 의도치 않게 자신도 파괴한 군사주의자의 얄궂은 운명은 카롤루스 왕조와 티무르 왕조가 자초한 파멸을 떠오르게 한다. 이들은 희생자가 된 작센족과 페르시아인의 고통 속에서 거대한 제국을 건설했으나, 스칸디나비아인 모험가들과 우즈베크인 모험가들에게 풍부한 전리품을 남겨주었을 뿐이다. 그 모험가들은 한 사람의 일생에 해당하는 기간 안에 그 제국 건설자들이 세계 강국의 지위에서 무기력한 존재로 몰락하여 제국주의를 펼친 대가를 치르는 것을 목도했다.

아시리아의 사례가 상기시키는 다른 형태의 자살은 여러 민족과 그들의 땅을 보호하여 한동안 평화를 주었던 '세계 국가'나 대제국에 침입하여 이를 해체한 군사주의자들(야만족이든 자신들의 재능을 더 잘 이용할 능력이 있었던 수준 높은 문화를 갖춘 자들이든)의 자멸이다. 정복자들은 제국의 외피를 가차 없이 갈기갈기 찢어서 그 제국이 보호한 수많은 인간을 어둠의 공포와 죽음의 그림자로 몰아냈지만, 그 그림자는 희생자뿐만 아니라 그 짓을 벌인 범죄자까지도 냉혹하게 덮쳤다. 세상을 **빼앗**은 새로운 주인들은 승리를 거둔 직후 자신들이 받은 상의 화려함과 거대함에 타락하여 마치 킬케니 고양이*처럼 무리의 산적이 단 한 명도 살아서 약탈품을 즐길 수 없을 때까지 서로 "자기편을 처리하는" 경향이 있다.

알렉산드로스가 헬레스폰투스 해협을 건넌 지 11년 만에 마케도니아인들이 아케메네스 왕조의 페르시아 제국을 괴멸하고 더 멀리 경계를 넘어 인도로 밀고 들어간 것을, 뒤이어 기원전 323년 알렉산드로스가 사망한 때부터 기원전 281년 코로페디온 전투에서 리시마코스가 패할 때까지 42년간 앞서와 똑같이 서로 사납게 싸웠던 것을 우리는 안다. 이 냉혹한 기록은 1,000년 뒤 시리아 지방 역사의 다른 국면에서 되풀이된다. 원시적인 아랍의 무슬림들이 일찍이 알렉산드로스가 11년 동안 페르시아인에게서 **빼앗**은 영토만큼이나 넓은 범위에 걸친 로마와 사산조

---

* 기원은 확실하지 않으나 "킬케니 고양이처럼 싸운다"는 말은 죽을 때까지 싸운다는 뜻이다. 완고한 투사를 가리킨다.

페르시아의 서남 아시아 땅을 12년 동안 침략함으로써 마케도니아인의 업적을 모방한 것이다(그로써 원상태로 되돌려놓았다). 아랍의 경우에 12년간의 정복에 뒤이어 24년간의 형제살해 내전이 벌어졌다. 이 싸움은 656년 칼리파 우스만의 암살로 시작되어 680년 예언자 무함마드의 손자 후사인의 순교에서 정점에 달했다. 서남 아시아의 정복자들은 다시금 서로의 칼에 쓰러졌다. 알렉산드로스가 무너뜨린 시리아의 '세계 국가'를 재건하는 영광과 그 이익은, 번개 같은 정복으로 길을 열었던 예언자의 동료와 후손이 아니라 반란을 일으킨 우마이야 가문과 중간에 끼어든 아바스 왕조에 넘어갔다. 신세계에서도 아스테카인과 잉카인이 에스파냐인들에게 굴복했을 때에 동일한 상황이 펼쳐졌다. 멕시코와 안데스 산맥의 이 '세계 국가'에서 에스파냐의 콩키스타도르는 플로리다에서부터 파나마 지협, 다시 파나마 지협에서부터 칠레에까지 이르는 두 대륙을 침략했으나 무함마드의 동료들이나 알렉산드로스의 장군들만큼이나 모질게 전리품을 두고 싸웠다. 무덤 속에 들어간 그 마케도니아의 군사 지도자가 일찍이 전장에서 자신을 따랐던 부대를 계속 통제할 만큼 강력하지 않았듯이, 마드리드의 살아 있는 군주도 명목상으로 자신에게 충성한 대서양 반대편의 모험가들에게 왕의 평화를 강요할 수 없었다. 몰락해가는 로마 제국의 버려진 속주들을 휩쓸었던 야만족들도 아시리아 군사주의가 보여준 것과 동일한 자살적인 성격을 드러냈다. 서고트족은 프랑크족과 아랍인의 손에 멸망했으며, 브리타니아에서는 머시아와 웨섹스가 '계승 국가들' 중에서 더 작은 것들을 정복했고, 메로베우스 왕조는 카롤루스 왕조에 밀려났으며, 우마이야 왕조는 아바스 왕조에 밀려났다. '영웅시대'의 고전적인 사례가 이처럼 자살로 끝맺는 것은, 어느 정도는 쇠락한 '세계 국가'의 영토를 침범한 모든 민족 이동의 후기에서 발견되는 특징이다.

아시리아를 인위적으로 고립된 실체가 아니라 우리가 바빌로니아 사회라고 부른 더 큰 사회의 일부분으로 보면, 아시리아 군사주의에서 원형을 발견할 수 있는 군사주의적 일탈이 또 있다. 이 바빌로니아 세계에서 아시리아는 앞에서 보았듯이 일종의 변경 역할을 수행하는 특별한 기능을 떠맡았다. 그 변경의 주된 의무는 동쪽과 북쪽의 약탈적인 고지대 야만인들과 서쪽과 남쪽의 시리아 문명을 개척한 호전적인 아람인들로부터 자신들뿐만 아니라 자신들이 살았던 사회의 나머지도 보호하는 것이었다. 이전에는 분화된 적이 없던 사회 조직으로부터 이러한 아시리아 유형의 변경지대를 만들어내는 사회는 구성원 모두에게 혜택을 준다. 왜냐하면 변경지대가 외부의 압력에 저항하는 어려운 과제에 성공적으로 대응하는 한(변경은 그 과제를 떠맡았다), 변경지대가 보호하는 내부는 그만큼 압력으로부터 벗어나며 그로 인해서 자유롭게 다른 도전에 맞서 다른 임무를 수행할 수 있기 때문이다. 변경지대가 그 특화된 군사적 위용을 외부의 적을 격퇴하는 특정 임무에만 쓰는 한, 이러한 노동 분업은 환영할 만하다. 군사적 덕목은 이와 같이 사회적으로 정당한 목적에만 쓰인다면, 비록 군사적 덕목을 발휘할 필요성이 애석하게도 지난 6,000년간 문명이라는 사다리의 아래쪽 단에 발을 올린 여러 세대 인간들의 본성이 불완전함을 증언한다고 해도, 사회적으로 파괴적이라고만 할 수는 없다. 그러나 변경 주민들이 경계 너머의 외부인과 싸우면서 사용법을 익힌 무기를 자신들이 지켜야 할 사회 내부의 구성원들을 겨냥해서 쓴다면, 이러한 덕목은 그 자체로 불행하게도 사악한 의미의 군사주의라는 악으로 변한다.

　이 일탈의 폐해는 이제껏 외부의 적을 저지했던 변경 주민들이 사회를 통째로 외부의 공격에 노출시키는 데에 있지 않다. 왜냐하면 그들은 진정한 적을 크게 제압하여 다른 위해를 다루는 데에 두 손을 자유롭게 쓸 수 있고 더 큰 목표에 야심을 품을 수 있을 때까지는 좀처럼 동족을 공격하지 않기 때문이다. 실제로 변경지대가 방향을 돌려서 자기 사회 내부를 혼란에 빠뜨릴 때에는 대체로 한 손으로는 형제 살해의 전쟁을 수행하면서 다른 한 손으로는 외부의 적을 가까이 오지 못하게 막아낸다. 이와 같은 군사적 힘의 오용에 따르는 치명적인 해악은 외부 침략자들에게 대문을 활짝 열어놓는 것이 아니라(물론 때로는 이것이 종국에는 부수적인 결과의 하나가 되기도 한다), 상호 간의 자연적인 관계가 사이좋게 사는 것인 두 당사자 간 신뢰의 배반과 공멸의 싸움이다. 변경지대가 자신들의 내부를 공격하면, 이는 진정한 내전에서 공세를 취하는 것이다. 내전은 다른 어떤 전쟁보다도 더 혹독하고 잔인하게 수행된다고 알려져 있다. 이는 기원전 745년 티글라트 필레세르 3세의 행동이 가져온 궁극적인 귀결의 중요성을 설명해준다. 그때 그는 아시리아의 진정한 싸움의 대상인 나이리족*과 아람인을 겨냥하는 대신 바빌로니아를 공격했다. 그 이후로 100년간 이어진 아시리아와 바빌로니아 간 전쟁의 대단원은 파국 그 자체였다. 그러나 이런 결과가 이 특정한 사례에만 해당되지는 않는다. 아시리아의 이 원형이 생각나게 하는 다른 사례들을 고찰하면, 내부를 공격하는 변경지대의 일탈은 본질적으로 사회 전체에 재앙을 가져오기 마련임을 알 수 있다. 특히 그것은 최초의 무도한 행위를 저지른 파벌에게 파괴적이다. 양치기의 협력자로 길러지고 훈련받은 양치기 개가 늑대를 쫓아내는 것이 의무인데도 늑대의 기질과 행동에 빠져서 자발적으로 양을 괴롭히고 양치기의 신뢰를 배반하면, 그 개는 진짜 늑대가 충성스러운 다른 양치기 개에게 옆구리를 물어뜯기는 동안 일으킬 혼란보다 훨씬 더 큰 혼란을

---

* 아르메니아 고지대의 부족 연합.

초래한다. 그러나 동시에 양치기 개의 배반에 따르는 재앙으로 가장 큰 고초를 치르는 것은 양 떼가 아니다. 양 떼는 많이 죽기는 해도 살아남는다. 개는 격노한 주인의 손에 죽는다. 자기 사회를 공격한 변경 주민들은 그 생명의 원천을 공격했기 때문에 돌이킬 수 없는 파멸의 길에 들어선다. 마치 자신의 손으로 제 몸에 칼을 찌르는 격이다. 아니면 자신이 앉아 있는 나뭇가지를 잘라내는 나무꾼이다. 그는 가지와 함께 땅바닥으로 떨어지지만 가지가 잘린 나무 기둥은 멀쩡하게 서 있다.

754년에 아우스트라시아 사람들이 동족인 랑고바르드족을 향해 무기를 들라는 교황 스테파누스 2세의 호소에 응답하기로 결정한 자신들의 군사 지도자 피피누스 단구왕(短軀王)에게 그토록 격렬히 저항한 것도 이러한 힘의 오용이 잘못임을 직관적으로 감지했기 때문일 것이다. 교황은 알프스 너머의 이 세력에 눈을 돌렸고, 749년 피피누스의 도유식(塗油式)*을 거행하고 계획된 이탈리아 원정 전날에 그를 왕위에 앉힘으로써 그의 야심을 자극했다. 왜냐하면 피피누스 세대의 아우스트라시아는 두 전선에서 서구 기독교 세계의 변경 역할을 용맹하게 수행하여 그 존재를 부각시켰기 때문이다. 이교도 야만족인 작센족은 북유럽의 무인지대로부터 라인 강을 향해 밀고 들어왔으며, 북

---

* 피피누스의 도유식 연도 749-751.

서 아프리카와 이베리아 반도를 점령한 무슬림 아랍인들은 피레네 산맥을 넘어 압박해왔다. 754년 아우스트라시아 사람들은 이제 막 자신들의 진정한 임무를 발견한 전장에서 빠져나와서 이탈리아의 랑고바르드족에게 파멸을, 그들이 아랍인과 작센족을 저지했기 때문에 갈리아의 프랑크족은 떠안지 않아도 되었던 그 파멸을 가하라는 요청을 받았다. 이 사건으로 이탈리아 모험에 대한 아우스트라시아 평민들의 걱정이 그들 지도자의 욕구보다 더 정당함이 입증되었다. 국왕 피피누스는 부하들의 반대를 무시하면서 아우스트라시아를 이탈리아와 더욱 긴밀하게 결속시킨 일련의 군사적, 정치적 관여의 첫 번째 고리를 만들었기 때문이다. 755년과 756년 피피누스가 아이스툴프*에 맞서서 출정한 것은 773-774년 카롤루스 대제의 데시데리우스**에 맞선 이탈리아 원정으로 이어졌다. 카롤루스 대제의 어머니이자 피피누스의 미망인인 베르트라드 드 랑이 피피누스가 백성의 의지에 반하여 일으킨 프랑크 왕국과 랑고바르드 왕국 사이의 불화를 무마하려고 했지만 소용없었다. 베르트라드 드 랑이 이제 아버지를 계승한, 피피누스와 자신 사이에서 태어난 아들 카롤루스 대제를 아이스툴프의 계승자인 데시데리우스의 딸

---

* 랑고바르드 왕, 재위 749-756년.
** 랑고바르드 왕, 재위 756-774년.

144

과 혼인시켰을 때, 그는 랑고바르드 사람인 아내 데시데라타를 거부하고 장인의 왕국을 완전히 점령함으로써 아버지의 대망을 실현했다. 그러나 카롤루스 대제가 랑고바르드 왕위를 빼앗았다고 해서 이탈리아 문제가 해결된 것은 아니었고 알프스 이북의 그 나라가 알프스 이남에 대한 근심을 덜어낸 것도 아니었다. 카롤루스 대제가 랑고바르드 왕국의 독립성을 제거함으로써, 그 왕가는 교황권을 보호하고 통제해야 하는 짐을 결정적으로 떠안았다. 그가 로마 공국*을 보호령으로 삼음으로써, 랑고바르드족의 두 공국**과 이탈리아 남부에 있는 동로마 제국의 변경 영토와의 관계는 더욱 냉랭해졌다. 카롤루스 대제가 어쩔 수 없이 로마로 네 번째 원정을 가야 했을 때, 그는 교황으로부터 제관을 받음으로써 외면적인 성공의 정점에 도달했고, 로마 사람들은 그를 아우구스투스라고 부르며 환영했다. 이 호칭 때문에 그는 콘스탄티노폴리스 궁정과 외교적 갈등을 겪는 불편함을 떠안았는데, 이 갈등은 10년이 넘도록 지속되었다.

카롤루스 대제의 이탈리아 정책에 대한 진정한 평결은 그의 통치 연대기가 제공한다. 그 연대기는 카롤루스 대제가 이처럼 알프스 이남에 관여한 결과로 작센 전쟁 수행이라는 그의 주된

• 라벤나의 비잔티움 제국 총주교령.
•• 베네벤토 공국과 스폴레토 공국.

군사적 과업에서 지속적으로, 종종 결정적인 순간에, 이탈했음을 보여준다. 772년 카롤루스 대제는 작센족의 심장부로 진군하여 그들에 도전하고 이르민술*을 쓰러뜨렸으나, 773년과 774년에는 알프스 이북에서 모습을 감추었고, 따라서 774년에 작센족이 헤센에 보복할 여지를 열어주었다. 이후 '결정적인 타격'이 될 775-776년의 공격은 776년 봄에 일시적으로 중단되어야 했고, 그동안 이 작센족 타격자는 프리울리 공작인 랑고바르드족의 로트가우드가 일으킨 반란을 진압하기 위해서 다시금 알프스 이남으로 떠났다. 공격적 방어 전략을 취한 지휘관 비두킨트가 8년간(777-785년) 작센족을 이끈 그 전쟁에서 가장 힘들었던 그 다음 국면이 한창일 때, 카롤루스 대제는 재위 중 이탈리아는 세 번째로, 로마는 두 번째로 방문해야 했다. 785년 비두킨트가 항복한 뒤에 작센 전쟁은 소강상태에 접어들었지만 아우스트라시아 군대는 쉬지 못했다. 787년 카롤루스 대제가 세 번째로 로마를 방문하여 남쪽의 랑고바르드 공국 베네벤토를 겨냥한 결말 없는 원정을 이끌었고, 랑고바르드족의 오랜 친구들과 반항적인 속국 바이에른을 억누르고자 무력시위를 해야 했기 때문이다. 정복되었으나 굴복하지는 않은 바이에른이 프리지아인들의 도움으로 아우스트라시아의 멍에를 떨쳐버리려

• 작센족의 신앙에서 중요한 나무 기둥.

고 끈질기게 필사적인 노력을 기울였던 작센 전쟁의 마지막 네 번째 국면(792-804년)은 카롤루스 대제가 네 번째로 로마를, 다섯 번째로 이탈리아를 방문한 800-801년에 진행되었다.

작센족에 맞선 이 소모전은 카롤루스 왕조의 힘을 심히 고갈시켰다. 극도의 피로는 카롤루스 대제의 사망 직후 카롤루스 제국의 해체로, 그리고 작센족이 당한 고통에 대한 스칸디나비아의 복수로 나타났다. 아우스트라시아의 작센 정복자가 이승을 떠나기 전에 이미 반격은 시작되었다. 또한 라인 강 너머 작센족 전선이 아우스트라시아가 책임지고 있던 서유럽 기독교 세계의 유일한 경계는 아니었다는 것도 기억해야 한다. 아우스트라시아는 피레네 산맥 너머 아랍의 변경을 지키는 수호자이기도 했다. 그리고 카롤루스 대제가 랑고바르드 왕국을 무너뜨리고 바이에른을 굴복시켰을 때, 그는 패배한 적들로부터 제3의 전선, 즉 스티리아 알프스 너머의 아바르족 전선을 지키는 감시자의 직무도 물려받았다. 카롤루스 대제가 비두킨트와 혈전을 벌이던 두 번째 해에 이베리아 반도로 원정을 가야 했던 것은 불가피했을 것이다. 이 원정은 론세스바예스 전투에서 심히 불행하게 끝났다. 그러나 라인 강 너머 전선과 피레네 산맥 너머 전선을 지켜야 하고 아키텐에서는 늘 불만이 들끓는 상황에서, 카롤루스 대제가 알프스 남쪽 이탈리아에서 새로운 일에 착수할 여유가 없었음은 분명하다. 그리고 그의 이탈리아 정책은 실제로 이 위대한 아우스트라시아 군사주의자가 선조로부터 물려받은 알프스 이북의 두 전선에서의 야심찬 진격과 결합되었을 때 자멸적인 정책이 되었다. 아우스트라시아의 어깨를 짓누른 무거운 짐을 한계점까지 밀어붙인 것은 카롤루스 대제의 다섯 차례의 이탈리아 원정이 무리하게 떠안긴 부담이었다.

라인 강변 경계 구역 너머 작센족과의 혹독한 싸움에 아우스트라시아의 온 힘이 필요했을 때 카롤루스 대제가 서유럽 기독교 세계 내부의 인접한 랑고바르드 왕국과 바이에른 공국을 공격함으로써 큰 부담을 떠안았다면, 티무르도 비슷하게 자신의 땅인 트란스옥시아나의 등을 부러뜨렸다. 유라시아 유목민을 평정하는 진정한 과제에 집중했어야 할 트란스옥시아나의 얼마 남지 않은 힘을 이란과 이라크, 인도, 아나톨리아, 시리아를 겨냥한 목적 없는 원정에 허비했던 것이다.

티무르는 19년간(1362-1380년)의 정력적인 종군에서 트란스옥시아나의 여러 오아시스를 재정복하려는 차가타이한국 유목민의 시도를 격퇴했으며, 그 실패한 침략자들의 본고장인 모굴리스탄(모굴한국)을 공격했고, 아무다리야 강 하류 호라즘의 오아시스들을 주치 울루스(킵차크한국)의 유목민들로부터 해방시켜 이란 세계의 유라시아 변경에 자신의 영토를 마련했다. 1380년에 이 큰 과업을 완수하면서 티무르는 그 힘이 미치는 범위 안에 큰 영토를 확보했다(칭기즈 칸의 유라시아 제국을 계승한 것보다 결코 작지 않은 성과였다). 티무르 세대에 유라시아 유목민들은 사막과 농경지대 사이의 긴 변경 지역 곳곳에서 퇴각하고 있었다. 티무르가 파미르 고원과 카스피 해 사이의 구역에서 '모굴리스탄'과 킵차크한국의 무리들에 승리를 거두는 동안, 그 반대편 끝 다뉴브 강의 철문•과 드네프르 강 본류 사이의 스텝 지역의 거대한 서쪽 구역에서는 몰도바인과 리투아니아인, 코사크인이 주치 울루스를 잠식하고 있었고, 모스크바 대공국은 킵차크한국의 멍에를 떨쳐내고 있었으며, 명나라는 몽골의 카간(칭기즈 칸 가족의 분파로 그 계승 국가들의 명목상 군주) 들을 쿠빌라이 칸의 수도 베이징에서 그 야만족 침입자들의 본고장인 만리장성 바깥의 황무지로 몰아내고 있었다. 모든 구역에서 유목민은 패주하고 있었고, 유라시아 역사의 다음 국면에서는 재기한 정착민들 사이에서 칭기즈 칸의 유산을 차지하기 위한 경쟁이 벌어지게 된다. 몰도바인과 리투아니아인은 이 경쟁에 뛰어들기에는 너무 멀리 있었고, 모스크바 대공국은 그 숲에, 명나라는 그 들판에 매여 있었으며, 코사크인과 트란스옥시아나 사람들은 고유의 정주 생활방식의 토대를 파괴하지 않고도 스텝 지역에서 편히 지내는 데에 예외적으로 성공한 경쟁자들이었다. 이들은 각각 자기들만의 방식대로 유목 생활의 힘을

• 세르비아와 루마니아 사이에 있는 다뉴브 강 협곡.

어느 정도 획득했으며 이를 정주 문명의 힘과 결합시켰다. 1380
년의 어느 예리한 관찰자의 눈에는 유라시아의 지배를 둘러싼
싸움의 승리가 이 두 경쟁자 사이에 있는 것처럼 보였을지도 모
른다. 그리고 당시에 트란스옥시아나가 어느 모로 보나 훨씬 더
좋은 기회를 가졌다. 왜냐하면 그들은 더 강했고, 스텝 지역의
중심부에 더 가까웠을 뿐만 아니라 먼저 그 지역에 진출했으며,
또한 순나*의 옹호자로 인정받았기 때문에 스텝 지역의 양쪽 끝
지역 즉 한편으로는 카잔과 크림, 다른 한편으로는 간쑤 성과
산시 성에 있는 이슬람 변경 거류지인 정주 무슬림 사회로부터
지지를 받을 가능성이 있었기 때문이다.

잠깐 동안은 티무르도 기회가 왔음을 알고 이를 단호히 잡고
자 한 것 같다. 킵차크 무리의 두 경쟁 파벌 간의 내전으로 그는
호라즘을 정복할 수 있었고 모스크바 대공국은 독립을 주장할
수 있었다. 티무르는 이 내전을 단순히 국경 지방 한 곳을 획득
하는 것을 넘어서는 야심찬 목적에 이용했다. 그는 킵차크한국
의 칸이 되려는 경쟁자들 중 한 사람인 톡타미시를 지원하여 그
내정에 개입했다. 1378년부터 1382년까지 톡타미시가 주치 울
루스 전체를 통합하고 모스크바를 점령하여 불태움으로써 모스
크바 대공국을 다시 복종시키고 리투아니아인들에게 큰 패배를

• 이슬람 공동체의 관습을 규정한 문헌 전체.

안길 수 있었던 것은 티무르의 도움 덕분이었다. 톡타미시는 이 모든 일을 티무르의 수하로서 수행했으며, 그 결과로 티무르는, 직접적으로 혹은 간접적으로, 유라시아 스텝 지역 서쪽 절반 전체와 이르티시 강에서부터 드네프르 강까지, 파미르 고원에서부터 우랄 산맥까지 그 주변 정주 사회의 주인이 되었다. 그러나 이 중대한 시점에, 유라시아의 황무지를 점령한 이 트란스옥시아나 사람은 돌연 반대 방향으로 돌아서서 이란 세계의 내부를 공격했고, 남은 24년간의 생애 동안 그 구역에서 일련의 무익하고 파괴적인 싸움에 몰두했다. 자신의 종주가 느닷없이 생각을 바꾸는 것을 보고 용기를 얻은 톡타미시가 대담한 공격으로 의도치 않게 그를 제자리로 돌려놓았을 때에도, 티무르는 초원을 가로지르는 겨울 원정에서, 이 트란스옥시아나 수장의 전 생애에서 가장 뛰어나고 가장 그다운 실력 행사를 통해서 킵차크의 골칫거리를 처리하자마자 고집스럽게도 새로 정한 진로로 돌아갔다.

티무르의 생애 마지막 24년간의 연대기를 간략하게 개설하면, 그가 생애의 첫 국면에서 두 번째 국면으로 넘어가던 순간에 확실하게 잡았던 기회를 거의 사반세기에 이르는 그 기간 동안 얼마나 완고하게 거부했는지를 알 것이다.

1383-1384년에 여전히 저항을 굽히지 않은 '모굴리스탄'의 차가타이 칸을 응징하러 단 한 차례 원정을 떠난 것을 제외하면,

티무르는 1381년부터 1387년까지 7년 동안 오로지 이란과 트랜스코카시아의 정복에만 전념했다. 그는 1385년에 아제르바이잔에서 발생한 자신의 부대와 톡타미시 부대 간의 작은 충돌에서도 교훈을 얻지 못했다. 1388년 초 톡타미시가 호라즘과 트란스옥시아나를 침공했다며 사마르칸트에서 긴급한 호출이 왔을 때, 티무르는 파르스에서 이란 고원 정복을 마무리하던 참이었다. 1391년 티무르가 킵차크 스텝 지역의 반대편 우르타파에서 톡타미시에 결정적인 승리를 거두면서, 그가 1380년에 잡았으나 1381년 이래로 무시했던 기회는 다시 그의 손에 들어왔다. 이번에야말로 킵차크와 그 모든 속령의 직접적인 주인이 될 수 있었다. 게다가 티무르는 1392년 초에 킵차크로부터 사마르칸트로 개선한 뒤에 '모굴리스탄'에 남은 마지막 반란의 불씨를 짓밟아 끌 수 있었고, 차가타이한국에 대해서 확실하게 종주권을 확립할 수 있었다. 이제 유라시아는 그의 발아래에 놓여 있었다. 그러나 티무르는 가만히 전리품을 거두는 대신 그해 여름 다시 반대 방향으로 말을 달려 곧장 파르스로, 다시 말해서 1388년 서남 아시아 정복을 중단할 수밖에 없었던 그 지점으로 갔고, 체계적으로 이라크와 아르메니아, 조지아의 복속을 속행했다. 이 유명한 '5년전쟁(1392년 7월-1396년 7월)' 중의 1395년 봄에 티무르는 트랜스코카시아로 새롭게 침입한 톡타미시에 의해서 의도했던 진로에서 한번 더 무심코 끌려나왔다. 티무르는 반격을 위해서 캅카스 산맥과 테레크 강, 스텝 지역을 넘어 모스크바까지 갔다. 그러나 1396년 그는 킵차크로부터 서남 아시아로 갔던 길을 다시 밟았고, 그후 이란을 넘어서 사마르칸트로 되돌아갔다.

1396년 여름부터 1398년 봄까지 티무르는 파괴 활동을 중단하고 사마르칸트에서 휴식했다. 그러나 이 휴식이 그의 유라시아 지배를 공고히 해주거나 확대시킨 것은 아니었다. 이란 세계(티무르는 그 세계의 자식이었다)의 심장부를 완전히 분쇄한 티무르는 그 남동쪽 끝과 북서쪽 끝을 침략하는 데에 착수했다. 당시 힌두스탄의 투글루크 왕조의 군주들과 룸 술탄국이 있던 곳의 오스만 튀르크 군주들이 각각 힌두 세계와 정교회 세계를 희생시키며 이란 세계의 영역을 넓히던 곳이었다. 티무르의 아미르(부족장)들은 힌두쿠시 산맥을 넘어 인도로 들어가 동족이자 같은 종교를 지닌 튀르크인을 공격하는 데에 거세게 반대했다. 피피누스의 부하들이 한때 비슷한 상황에서 알프스를 넘어 이탈리아로 들어가 동족인 랑고바르드족을 공격하는 것에 반대했던 것과 마찬가지였다. 그러나 티무르도 피피누스처럼 자신의 뜻을 관철시켰다. 티무르는 1398년 봄부터 1399년 봄까지 인도 원정에 몰두했고, 1399년 가을에 그의 군사적 이력에서 가장 뛰어난 사건은 아닐지언정 가장 유명한 사건이 되는 일을 다시 시작했다. 이 두 번째 '5년전쟁' 중인 1401년에 다마스쿠스에서 그는 마그레브인 철학자 이븐 할둔을 만났고, 1402년에는 오스만 제국의 술탄 바예지드 을드름(바예지드 1세)을 무찌르고 포로로 삼았다.

1404년 7월 사마르칸트로 돌아온 티무르는 11월에 다시 전쟁의 길에 들어섰다. 그의 얼굴은 23년 만에 처음으로 의도적으로 상서로운 방향을 향했다. 이번에 그의 목적은 명나라였기 때문이다. 서남 아시아에서 티무르가 보여준 행태를 생각하면 그가 중국의 완전한 정복이라는 몽골의 위업을, 몽골인들도 완수하는 데에 70년(1207-1277년)이나 걸린 일을 되풀이했을 것인지는 의심스러울 수 있지만, 그럼에도 티무르의 이 마지막 사업은 그가 이를 완수할 때까지 살았다면 역사에 오래도록 영향을 미친 중대한 결과를 가져왔을 것이다. 명나라를 잠시 습격하기만 했어도 티무르는 타림 분지에서부터 만주에 이르는 유라시아 스텝 지역 남쪽 경계의 동쪽 구역을 영구히 점유했을 것이기 때문이다. 그러나 이 시점에서 우리는 추측의 영역으로 들어간다. 티무르처럼 행운을 입은 군사주의자도 23년의 시간을 무사히 지낼 수는 없었을 것이기 때문이다. 명나라 정벌 중에 티무르는 동쪽으로 오트라르를 넘어가지 못하고 그곳에서 죽었다.

스스로를 망친 티무르는 군사주의의 자멸적 특징을 보여주는 최고의 사례이다. 이 점은 그와 카롤루스 대제의 커다란 실패를 비교하면 잘 드러날 것이다.

두 사례에서 내부를 정복하려는 변경지대의 시도는 덧없었다. 그리고 상대적으로 후진적인 공동체가 군사적 정복이라는 조악한 수단을 통해서 문명의 길에서 그보다 앞선 다른 공동체를 자신들에게 동화시키는 데에 성공한 경우는 거의 없다. 티무르가 무력으로 이란과 이라크에 강요한 트란스옥시아나의 지배처럼, 카롤루스 대제가 랑고바르드족과 바이에른 사람들에게 강요한 아우스트라시아의 지배도 그 정복자가 죽은 뒤에는 서서히 소멸했다. 그러나 카롤루스 대제의 군사주의가 남긴 영향은 일시적이지만도 않았다. 카롤루스의 제국은 그의 힘이 사라진 이후에도 약 75년 동안 같은 방식으로 유지되었기 때문이다. 그리고 그 여러 부분은 그것들이 단일한 사회 조직으로 통합되어 애초에 그 통합을 가져온 군사력이 증발한 뒤로도 오랫동안 기독교 공화국이라는 형태로 잔존함으로써 영구히 변했다. 반면 티무르의 제국은 카롤루스 대제의 제국보다 단명했을 뿐만 아니라 사후에도 긍정적인 성격의 사회적 영향력을 행사하지 못했다. 티무르의 제국은 카스피 해 관문(알렉산드로스 관문) 서쪽에서는 1405년 그의 사망 소식과 더불어 해체되었고, 호라산과 트란스옥시아나에서는 1446년 샤 루흐*의 사망 이후 허약한 부분들로 분열되어 서로 싸웠다. 흔적을 찾을 수 있는 영향

---

* 티무르의 아들로 그 제국의 동쪽 부분인 페르시아와 트란스옥시아나를 통치했다.

력은 온전히 부정적이다. 티무르의 제국주의는 자멸로 돌진하고자 눈앞의 모든 것을 파괴함으로써 서남 아시아에 정치적, 사회적 진공 상태를 만들었을 뿐이다. 그리고 이 진공은 결국 오스만 튀르크와 사파비 왕조의 충돌을 야기했고, 이는 병든 이란 사회에 치명상을 입혔다.

카롤루스 대제가 아우스트라시아의 군사적 에너지를 서유럽 기독교 세계의 변경으로부터 내부로 돌린 것은 아우스트라시아에 치명적이었지만, 아우스트라시아가 일부분으로서 속한 사회에는 그만큼 치명적이지 않았다. 서유럽 기독교 세계가 유럽 대륙에서 야만인들을 희생시키며 팽창한 것은 결국 카롤루스 대제에게 당한 작센족의 후손들이 그가 멈춘 지점에서부터 수행한 일이며, 이베리아 반도에서 시리아 세계를 희생시키며 팽창한 것은 현지의 여러 서유럽 기독교 공국들이 수행한 일이다. 그 공국들 다수는 카롤루스 제국의 직접적인 '계승 국가'였다. 이 두 전선에서 서유럽 기독교 세계가 카롤루스 대제의 군사주의 때문에 치러야 했던 대가는 거의 200년 가까이 지속된 중단이었다. 그후 300여 년(대략 975년부터 1275년까지)에 걸친 전진이 이어졌다. 반면, 티무르의 군사주의는 이란 사회에서 유라시아의 약속의 땅을 영원히 빼앗았다.

이란 사회가 유목민 세계의 유산을 상실한 결과는 우선 종교 영역에서 나타났다. 티무르 세대에서 끝나는 400년 동안 이슬람은 유라시아 스텝 지역 변두리 인근의 정착민들을 차츰 지배했으며, 사막을 벗어나서 경작지대로 들어가는 유목민의 마음을 사로잡았다. 아바스 왕조 무슬림 군주의 군사적, 정치적 권력이 붕괴되던 10세기에 그들의 종교는 볼가 강 중류 지역과 타림 분지의 오아시스에 정착해서 사는 튀르크인과 아랄 해와 발하슈 호 사이 스텝 지역의 트란스옥시아나 쪽 가장자리에서 셀주크 왕조와 카라한 왕조를 따르던 튀르크인 유목민을 정복하고 있었다. 아바스 왕조가 몰락한 뒤에 민족 이동이 마지막으로 가장 크게 분출했던 시기, 다시 말해서 스텝 지역이 깊은 곳까지 요동쳤으며, 이슬람 문화의 영향을 받은 적이 없고 그 문화와 마주쳤을 때에는 약간의 네스토리우스파 성향 때문에 이슬람에 편견을 지녔던 유목민 무리가 다르 알 이슬람*에 퍼졌을 때에도, 이슬람이 몽골의 초기 카간들의 돌발적인 박해를 받아서 입은 상처는 광대하고 이질적인 제국의 민족들과 문화들을 의도적으로 혼합한 몽골의 정책으로부터 의도치 않게 받은 도움으로 상쇄되고도 남았다. 이슬람이 중국으로 전파된 것은 바로 이 이교도 유목민 군사 지도자들의 덕분이었다. 이슬람은 타림 분지의 오래된 이슬람 영역에 인접한 북서쪽 지방뿐만 아니

---

* '이슬람의 집'이라는 뜻. 무슬림 학자들이 이슬람을 지배적인 종교로 실천할 수 있다고 본 지역을 가리킬 때 쓴 용어.

라 남서쪽 끝의 윈난 성으로도 침투했다. 몽골 군대가 윈난 성을 야만족의 무인지대에서 잘라내어 중국에 덧붙였기 때문이다. 이후 13세기에서 14세기로 넘어가던 때에 몽골 제국 서쪽의 세 계승 국가, 즉 이란의 훌라구 울루스(일한국), 킵차크 스텝 지역의 주치 울루스(킵차크한국), 트란스옥시아나와 중가리아의 차가타이한국이 차례대로 이슬람으로 개종했을 때에는 그 누구도 이슬람이 유라시아 전체의 종교가 되는 것을 막을 수 없을 것 같았다. 그리고 티무르가 트란스옥시아나에서 순나의 옹호자로 일어섰을 때 스텝 지역의 서쪽 변두리와 남쪽 변두리 인근에 퍼진 무슬림 '디아스포라'는 앞에서 보았듯이, 티무르가 범유라시아 이슬람 제국을 수확할 토대를 마련했다. 더 중요한 것은 그렇게 티무르 시대에 이르기까지 진척된 이슬람의 유라시아 전파가 그후로 죽은 듯이 잠잠해졌다는 것이다. 이 구역에서 이슬람이 뒤이어 올린 유일한 성과는 서부 시베리아의 튀르크인의 국가(시비르한국)가 1582년 코사크에 정복되기 직전에 개종한 것이다. 그리고 다른 '고등 종교들'이 이제껏 원시적인 신앙을 유지했던 유라시아 유목민의 나머지 전부를 사로잡은 시대에 이슬람이 이 외지고 후진적인 변두리에서 거둔 성공은 자랑하기에는 너무 초라했다.

16세기에서 17세기로 넘어가던 시기에 유라시아에서 눈에 띄는 종교적 사건은 몽골인(1576-1577년)과 그 서쪽의 동족 칼미크족(1620년경)이 라마교 형태의 대승불교로 개종한 것이다. 사멸한 지 오래된 인도 문화의 화석만 남은 종교 생활이 이렇게 깜짝 놀랄 만한 승리를 거둔 것은 티무르 시대 이래 200년간 유라시아 유목민들 사이에서 이슬람의 평판이 얼마나 낮아졌는지를 어느 정도 보여준다.

정치적 차원으로 넘어가서, 티무르가 옹호했다가 뒤이어 배신한 이란 문화도 똑같이 파탄이 났다. 결국 유라시아의 유목 생활을 정치적으로 길들이는 위업을 거둔 정주 사회는 정교회 사회의 러시아인 분파와 극동의 중국인 분파였다. 그리고 티무르가 1391년 스텝 지역을 가로지르는 겨울 원정에서 톡타미시를 격파했을 때 유목민들을 예속한 것은 결코 트란스옥시아인들이 아니었다. 그것은 17세기 중반 러시아에 봉사한 코사크인들과 중국을 지배한 만주족이 서로 충돌했을 때에 확인되었다. 그들은 스텝 지역의 북쪽 끝에서 자신들의 길이 서로 대립된다고 판단하고 아무르 강 유역의 상류, 즉 칭기즈 칸의 선조들이 살았던 초원의 인근에서 유라시아의 지배권을 두고 첫 번째 대결을 펼쳤다. 이 둘에 의한 유라시아의 분할과 오래된 유목민 거주자들의 복속은 100년 뒤 청나라 건륭제(재위 1735-1796년)가 1755년 중가르인(칼미크족)의 세력을 꺾고 1771년 차르의 지배를 피해서 이주한 토르구트인들을 보호했을 때에 완료되었다. 그로써 유라시아 유목민 생활의 마지막 파고는 힘을 소진했다. 코사크인은 그 마지막 파고의 찌꺼기로 이르티시 강과 우랄 강 사이 킵차크 스텝 지역의 동부를 어슬렁거렸는데, 러시아와 청나라가 그들의 충성을 반분했을 때, 트란스옥시아나 오아시스들의 북쪽 변두리에 이르기까지 유라시아 전체는 러시아나 청나라의 지배를 받았다.

티무르의 군사주의가 이란 세계(그 정복자의 고향인 트란스옥시아나도 포함된다)에 입힌 상처는 유라시아 스텝 지역 너머와 그 주변에서 잠재적 팽창 영역을 상실한 데에서 그치지 않았다. 티무르의 생애 마지막 24년 동안 그를 사로잡은 파괴적 군사주의가 결정적으로 비난을 받아야 할 이유는 이 사실에서 찾아볼 수 있다. 티무르의 군사주의는 그 자체로 무익했을 뿐만 아니라, 때가 무르익어서 그 귀결이 세 번째, 네 번째 세대에 나타날 지경에 이르자 1381년에 그가 미친 듯이 날뛰기 전 19년 동안 헌신했던 건설적인 사업을 망쳐버렸다. 트란스옥시아나에 형성되던 이란 사회의 해방자는 나머지 생애를 자신이 앞서 유목민 침입자들에 맞서고자 끌어냈던 힘을 무모하게 허비하며 보냈기 때문에, 그가 차가타이한국과 주치 울루스로부터 안전하게 보호했던 세계는 해방자에서 군사주의자로 변한 그가 사망한 지 채 100년도 채 되지 않아 우즈베크인이라는 새로운 유목민 재난에 노출되었다. 그리고 이 위급한 상황에서 티무르 일가의 후손들은, 스스로를 쇠약하게 하는 티무르의 무절제한 군사 활동의 사회적 유산을 물려받은 자들로서, 무능하게도 조상의 최초의 위업을 되풀이하지 못했다. 이란 세계 중심부에서 우즈베크인들의 '맹공'을 저지한 것은 결국 페르가나 호라산의 티무르 왕조 군주가 아니라 새로운 사파비 왕조의 샤 이스마일 1세였다. 그러나 우즈베크인의 전진을 효과적으로 막았던 샤 이스마일 1세조차 침입자들을 그들의 본고장인 유라시아의 황무지로 내몰 수 없었다. 샤 이스마일 1세의 근거지는 비교적 멀리 떨어진 아제르바이잔에 있었거니와 그가 서부에서 원대한 야심(이 야심 때문에 오스만 튀르크와의 싸움은 대등하지 못했다)을 품은 탓에 동부 전선에서 해방자 역할을 하기에는 힘이 부족했기 때문이다. 결국 샤 이스마일 1세는 호라산에서 우즈베크인들을 완전히 쫓아낸 후에도 그들이 트란스옥시아나를 영구히 점유하게 내버려둘 수밖에 없었다.

따라서 티무르가 차가타이한국의 지배에서 자신의 고향을 해방시키고자 했던 해로부터 150년이 지났을 때, 트란스옥시아나는 더욱 외진 곳에서 온 다른 유목민 무리의 지배를 받았다. 이들은 역겹고 비열한 '자타인들'보다도 훨씬 더 야만적이었다. 한때 아시리아만큼이나 기세등등하게 공포를 퍼뜨렸던 이란 세계의 유라시아 변경은 이들의 지배를 받으며, 19세기 삼사분기에 트란스옥시아나 오아시스의 오랫동안 괴롭힘을 당한 농민이 마침내 우즈베크 대신 러시아를 주인으로 바꾸어 고통을 덜 때까지 350년간 납작 엎드려 있어야 할 운명에 처했다.

만일 1381년에 티무르가 유라시아에 등을 돌리고 이란을 공격하는 일이 없었다면 오늘날 트란스옥시아나와 러시아의 관계가 실제와는 반대가 될 수도 있었을까? 그런 식으로 가정하면 오늘날의 러시아는 소련과 동일한 크기의 제국이었을 테지만 그 무게 중심은 상당히 달랐을 것이다. 이란 제국이 중심일 것이며, 그 제국 안에서는 모스크바가 사마르칸트를 지배하는 대신 사마르칸트가 모스크바를 지배할 것이다. 이처럼 상상으로 이란 역사의 다른 길을 그리는 것은 이상하게 보일 수 있다. 실제로 그 역사의 진로는 400년이 넘는 지난 세월 동안 완전히 다른 방향을 취했기 때문이다. 서유럽 역사의 다른 진로를, 카롤루스 대제의 군사주의가 우리 세계에 가져온 결과가 티무르의 군사주의의 결과가 그의 세계에 가져왔던 것만큼이나 지극히 불행했으리라고 생각되는 역사의 진로를 구상한다면, 적어도 그만큼 이상한 그림이 우리의 눈앞에 펼쳐질 것이다. 이러한 유비에서 우리는 10세기에 아우스트라시아는 마자르족에 의해서, 네우스트리아는 바이킹에 의해서 침몰하는 그림을, 그리고 이후 카롤루스 제국의 심장부가, 14세기에 오스만 튀르크가 개입하여 서유럽 기독교 세계의 이 버려진 변경에 이방 문명이라는 차악을 강요할 때까지 이 야만인들의 지배를 받는 그림을 떠올려야 할 것이다.

그러므로 티무르는 약속의 땅을 상실했을 뿐만 아니라 자신의 본고장을 해방했던 업적도 망쳐버렸다. 그러나 그의 모든 파괴 행위 중에서도 가장 중대했던 것은 자신을 파괴한 것이다. 그는 영원히 기억되었을지도 모르는 모든 위업의 기억들을 후세의 마음속에서 지우는 대가를 치르며 불후의 명성을 얻는 데에 성공했다. 오늘날 기독교 세계나 다르 알 이슬람에서 티무르라는 이름으로부터 야만에 맞서 문명을 지킨 투사의 이미지를, 19년간의 오랜 독립투쟁 끝에 자기 나라의 성직자와 백성을 이끌고 힘들게 승리를 얻은 투사의 이미지를 떠올리는 사람은 얼마나 될까? 어떤 것이든 티무르라는 이름이 의미가 있는 많은 사람들에게, 그 이름은 티글라트 필레세르 3세부터 아슈르바니팔까지 일련의 아시리아 왕들이 100년간 저지른 참사만큼이나 많은 참사를 24년이라는 짧은 기간 동안 초래한 군사주의자와 연결된다. 우리는 1381년 이스파라인을 완전히 파괴한 괴물을 떠올린다. 1383년 사브자와르에서는 2,000명의 포로를 둔덕처럼 쌓은 다음 그 위에 벽돌을 쌓았으며, 같은 해 지리흐에서는 5,000명의 머리로 첨탑을 만들었고, 1386년에는 5,000명의 루르스인들을 산 채로 절벽 아래로 내던졌으며, 1387년 이스파한에서는 7만 명을 학살한 뒤에 죽은 자들의 머리로 첨탑을 세웠고, 1393년에는 티크리트 수비대를 학살하고 그들의 머리로 첨탑을 만들었으며, 1398년에는 델리에서 10만 명의 포로를 학살했고, 1400년 시바스가 항복하자 그 수비대의 기독교도 병사 4,000명을 생매장했으며, 1400년과 1401년에는 시리아에서 해골로 20개의 탑을 쌓았고, 1401년에 바그다드를 처리할 때에는 14년 전에 이스파한을 처리한 방식을 되풀이했다. 이러한 행위를 통해서만 티무르를 알고 있는 사람들의 마음에서 그는 칭기즈 칸이나 아틸라 등 스텝 지역의 괴물들과 혼동되었다. 그는 그 생애의 더 좋았던 절반의 기간 동안에 바로 그런 괴물들에 맞서서 성전을 수행했다. 군사력을 끔찍한 방식으로 남용함으로써 인류의 상상력에 자신의 군사력에 대한 인식을 남기려는 생각을 지닌 미치광이 살인자의 분별없는 과대망상증은 영국 시인 크리스토퍼 말로가 탬벌레인(티무르)의 입을 빌려서 전한 과장된 표현에 잘 드러나 있다.

나는 운명의 여신들을 쇠사슬로 꽁꽁 묶는다,

그리고 나의 손으로 운명의 바퀴를 돌린다,

탬벌레인이 죽임을 당하거나 패배하느니

차라리 태양이 그 자리에서 떨어질 것이다……

전쟁의 신이 내게 그의 방을 넘긴다,

이는 나를 세상의 장군으로 만들기 위함이다.

제우스는 내가 무장한 것을 보고 파랗게 질린다,

나의 힘이 그를 왕좌에서 끌어내릴까 두렵기 때문이다.

내가 어디로 가든 운명의 여신들은 땀을 흘리고,

음산한 죽음은 이리저리 내달리며,

나의 칼에 끝없는 경의를 표한다……

수많은 영혼이 스틱스 강둑에 앉아 있다,

카론의 배가 돌아오기를 기다리며,

지옥과 엘리시움은 가득 찬다,

내가 온갖 전장에서 보낸 인간의 영혼으로,

그들은 지옥에서 천국까지 나의 명성을 퍼뜨린다……

나는 제우스의 손에 의해 이 세상의 대군주가 되거나,

왕위를 받거나 서임되지 않는다,

상을 받을 만한 고귀한 업적 때문이다.

그러나 나는 위대한 이름을 떨치고,

신의 응징과 세상의 공포를 집행하므로,

나는 그러한 조건을 충족시키는 데 전념해야 한다.

전쟁으로, 피로, 죽음으로, 잔인한 행위로……

나는 계속해서 세상에 공포를 퍼뜨릴 것이다,

무장한 자들처럼 하늘의 탑을 행진하는

일시적으로 빛나는 유성들로 하여금

천계 주위를 돌게 할 것이며,

그들의 불타는 창을 창공에서 깨뜨릴 것이다,

나의 놀라운 승리를 영예롭게 하고자.

우리는 티무르와 카롤루스 대제, 그리고 티글라트 필레세르 3세에서 아슈르바니팔에 이르는 아시리아 왕들의 생애를 분석하면서 세 경우에서 모두 동일한 현상을 관찰했다. 한 사회가 외부의 적에 맞서서 자신들을 지키고자 변경지대 사람들 사이에 키운 군사적 능력은, 그것이 경계 너머 황무지의 그 본고장으로부터 벗어나 파괴하는 것이 아니라 보호해야 할 한 세계 내부의 동포를 겨냥할 때, 군사주의의 도덕적 병폐로 바뀌어 재앙을 초래한다. 이처럼 파괴적인 사회적 악의 사례는 수없이 많이 떠올릴 수 있다.

머시아는 원래 웨일스를 저지하는 잉글랜드 변경의 기능을 수행하면서 군사력을 날카롭게 키웠지만, 로마 제국을 뒤이은 다른 잉글랜드 '계승 국가들'에 이 무력을 사용했다. 플랜태저넷 왕조의 잉글랜드 왕국은 백년전쟁에서 자매 왕국인 프랑스를 정복하려고 했다. 그러나 잉글랜드가 본래 해야 할 일은 '주변부의 켈트족'을 희생시키며 공동의 어머니인 라틴 기독교 세계의 영역을 확장하는 것이었으므로 그 일에 공을 들여야 했다. 노르만 출신의 시칠리아 왕 루제로 2세는 아버지의 일을 이어받아서 지중해에서 정교회 세력과 다르 알 이슬람을 무찌르고 서유럽 기독교 세계의 영역을 확장하는 데에 전념해야 했으나 대신 랑고바르드족의 남쪽 공국들과 신성 로마 제국을 공격하여 중부 이탈리아에서 영토를 늘리는 데에 군사력을 썼다. 멕시코 세계의 아스테카인의 진정한 과제는 황무지의 야만인 치치메카인에 맞서서 북쪽의 변경을 지키는 것이었으나 그들은 이일에 전념하는 대신 자신들이 멕시코 문화를 전수받는 데에 도움을 주었던 톨텍인과 싸웠다. 안데스 세계에서는 잉카인들이 안데스 문명의 유산의 공동 상속인인 해안가 저지대와 에콰도르 고지대의 이웃들을 복속하는 데에 에너지를 쏟았던 반면, 자신들의 임무였던 아마존의 위험한 미개인들이나 칠레 남부와 팜파스의 용맹한 야만인들을 저지하는 것은 거의 하지 않았다. 마찬가지로 유럽 대륙 본토의 미케네에 있던 미노스 문명의 전초들도 본토의 야만인들에 맞서서 용맹함을 보여주면서 획득한 솜씨를 자신들의 근원지인 크레타를 파괴하는 데에 썼다. 마케도니아와 로마는 그리스 세계에서 그 똑같은 야만인들에 맞서서 변경을 지키는 문지기의 역할을 해야 했지만 미케네인들과 똑같은 잘못을 저질러 그리스 세계의 패권이라는 부당한 보상을 차지하려고 이웃들과 다투었고, 마침내는 자신들끼리도 싸웠다. 중국 세계에서 로마의 역할을 수행한 것은 진(秦)나라였다. 진나라는 산시 성(陝西省)과 산시 성(山西省)의 고지대 야만족들과 유라시아 스텝 지역 유목민과 마주한 서부 변경에 있었는데, 그 군주들은 중국의 내부를 이루는 지역으로 들어가 경쟁 관계에 있는 국가들과 싸워 '통렬한 일격'을 가했다.

이집트 세계에서는 나일 강 제1급류 바로 아래쪽 고대 남부 변경이 상류의 야만족 누비아족을 막는 의무를 이행하면서 무장하고 훈련했으나 결국에는 하류 쪽으로 방향을 돌려서 내부의 이집트 공동체들을 공격했고, 우월한 군사적 능력을 이용하여 잔인한 폭력으로 두 왕국을 통일하고 연합왕국을 건설했다. 이집트 문명을 만들어낸 동시에 망쳐버린 이 군사주의 행동은, 그 짓을 벌인 자가 현대 서구 고고학자들의 손에 들어온 가장 오래된 이집트 기록 중의 하나에서 만족스럽다는 듯이 매우 솔직하게 기술했다. 나르메르 서판은 하(下)이집트를 정복하고 돌아오는 상(上)이집트 군사 지도자의 귀환을 묘사한다.* 과장되게 키가 크게 묘사된 정복자는 목이 잘린 두 줄의 적군 시체를 향해서 당당히 걸어가는 기수들을 앞세우고 행진하며, 그 아래쪽 그림에서는 황소의 이미지로 분한 그가 쓰러진 적을 짓밟으며 성채의 벽을 무너뜨린다. 그밖에 서판의 기록은 인간 포로 12만 명, 황소 40만 마리, 양과 염소 142만2,000마리의 전리품을 열거하는 것으로 보인다.

이 섬뜩한 고대 이집트 미술품에서 우리는 나르메르 시대 이래로 오늘날 서구 세계의 군사주의자들에 이르기까지 20개의 서로 다른 문명에서 또다른 센나케립와 티무르, 카롤루스 대제

---

* 나르메르는 상이집트와 하이집트를 통합하여 이집트 제1왕조를 창시한 왕이다. 재위 연도는 대략 기원전 3150년부터 기원전 3100년까지로 추정된다.

에 의해서 거듭된 군사주의의 비극을 온전히 목격한다. 오늘날까지 약 6,000년에 이르는 기간 동안 이 비극의 모든 기록 중에서도 가장 통절한 것은 아마도 아테네가 바로 얼마 전에 아케메네스 왕조 페르시아의 공격으로부터 자신을(더불어 헬라스도) 구하기 위해서 갖추었던 해군력을 그리스의 동맹국들을 억압하는 데에 남용함으로써 '헬라스의 해방자'에서 '폭군 도시'로 변하여 범한 과오일 것이다. 아테네의 이 탈선은 자신들에게는 물론이고 헬라스 전체에 기원전 431-404년의 재앙을 안겼고, 헬라스는 그로부터 결코 회복되지 못했다. 그리고 무장한 아테네가 그토록 엄청난 죄악에 굴복하여 그렇게 치명적인 결과를 초래했다면, 예술에서 그들에 한참 미치지 못하는 것만큼이나 두드러지게 무력에서 그들을 능가하는 현대 서구 세계의 육상 강국이나 해상 강국 어느 나라가 완전한 도덕성을 확실하게 유지할 수 있다고 느끼겠는가?

대강 살펴본 이 모든 사례에서 군사주의의 자살적 성격은 앞에서 다소 길게 다룬 세 가지 고전적 사례에서 본 것만큼이나 분명하다. 그리고 그 자살적 성격은 치명적인 전선 변경이 파괴적인 효과를 초래했을 뿐만 아니라 우연히 건설적이기도 했던 모든 사례에서도 매우 두드러진다. 아테네와 마케도니아의 군사주의자들은 당시 그리스 세계에 필요했던 정치적 세계 질서를 제공하고자 일을 도모했지만, 아테네와 마케도니아의 무력이 그리스 세계의 외부 변경에서 내부로 방향을 튼 것은 헬라스에 재앙이었다. 마찬가지로 로마와 진나라, 잉카 제국이 이와 유사하게 취한 전선의 변경도, 각각의 경우에 그 군사주의 공동체가 승리를 통해서 사회에 '세계 국가'를 가져다주는 데에 성공했을지라도 그 개별 사회에는 큰 손해를 안겼다. 나르메르가 나일 강 유역의 상류에서 하류로 전선을 변경한 것도 연합 왕국의 수립을 낳기는 했지만 뒤이은 이집트 역사의 진로에는 불길한 영향을 미쳤다. 우리는 나르메르의 서판에서 이집트의 에토스에 담긴 그 잔인한 특성의 첫 번째 증거를 본다. 그 특성은 곧 이집트 문명의 성장을 억제하게 된다. 나르메르가 학살하거나 노예로 삼은 하이집트 농민의 후손들은 피라미드 건설자들에 의해서 '노동력'으로 전환된 불운한 사람들이었다.

이 장에서 고찰한 군사 분야는 '과식', '폭력', '재앙'의 치명적인 사슬을 잘 설명해준다. 군사적 솜씨와 용맹함은 날카로운 무기이므로, 겁도 없이 그 무기를 휘두르는 자는 사용할 때에 조금이라도 미숙하거나 잘못된 판단을 내리더라도 치명적인 부상을 입기 쉽다. 군사력을 쓸 수 있는 개인이나 정부, 공동체가 그 힘을 효과적으로 사용할 수 있는 영역의 한계를 잘못 판단하거나 그로써 달성할 수 있는 목표의 성격을 오해하면, 그 탈선에 따르는 재앙은 실질적인 결과의 중대함을 통해서 반드시 확실하게 드러난다. 그러나 명백하게 군사 활동에 적용되는 것은

'과식'에서 '폭력'을 통해서 '재앙'으로 이어지는 도화선이 그다지 폭발적이지 않은, 덜 위험한 영역의 다른 인간 활동에도 적용된다. 인간의 수완이나 그 발휘 영역이 어떠하든 간에, 어떤 능력이 그 고유의 영역 안의 제한된 과제를 달성하는 데에 충분한 것으로 입증되었으므로 그것이 다른 환경에서도 엄청난 효과를 낳을 것으로 기대할 수 있다는 가정은 지적, 도덕적 일탈일 뿐이며 정녕으로 재앙에 이르게 된다.

제6장

———

승리의 중독

'과식', '폭력', '재앙'의 비극이 드러나는 일반적인 형태의 하나
는 승리의 중독이다. 파멸적인 상품을 얻는 싸움이 무력의 전쟁
이든 정신력의 싸움이든 상관없다. 두 가지 형태 모두 로마의
역사에서 잘 드러난다. 기원전 2세기 공화정의 몰락에서는 군
사적 승리의 중독이, 기원후 13세기 교황권의 붕괴로부터는 영
적 승리의 중독이 드러난다.

한니발 전쟁의 호된 시련으로 시작하여 세계의 정복으로 끝
난 50년간의 큰 전쟁(기원전 220-168년)이 종결될 무렵 로마
공화정의 지배 계층은 타락에 빠졌다. 우연히 그 희생자가 된
당대 그리스인 관찰자는 이를 신랄하게 묘사한다.

폴리비오스와 스키피오 아이밀리아누스의 우정이 가져온
첫 번째 결과는, 두 사람을 다 사로잡았고 두 사람에게 탁
월한 도덕성을 획득하고 이 분야에서 당대인들과 경쟁하여
승리하려는 야심을 심어준 고귀한 가치에 대한 강력한 열
정이었다. 두 사람이 갈망했던 큰 목표는 보통의 상황에서

는 달성하기 어려웠을 것이다. 그러나 불행하게도 그 세대의 로마에서는 사회의 전반적인 타락 때문에 경쟁의 기준이 낮아졌다. 어떤 이들은 여자에게, 다른 이들은 자연에 반하는 성적 부도덕에 '완전히 몰두했고,' 많은 사람들이 '구경거리'와 음주, 그리고 그런 것들이 야기하는 방종에 빠졌다. 이는 전부 그리스인들이 빠지기 쉬운 악습이었고, 로마인들은 제3차 마케도니아 전쟁 중에 그들로부터 이러한 나쁜 습관을 곧바로 받아들였다. 젊은 세대의 로마인을 압도한, 이러한 악습에 대한 열렬한 사랑은 너무도 강력하고 통제되지 않았기 때문에 1달란트로 좋아하는 소년 한 명을 사고 300드라크마로 캐비아 한 단지를 사는 것이 매우 흔한 일이었다. 이러한 세태에 대해서 마르쿠스 카토는 어느 대중 연설에서 미소년이 토지보다 더 높은 값에 팔리고 캐비아 단지가 가축보다 더 비싸게 팔린다는 단순한 사실에서 로마 사회의 타락이 역력히 드러났다며 분노하여 외쳤다. 이러한 사회적 병폐가 왜 이 특정한 시기에 '나타났는지' 묻는다면, 두 가지 이유를 답으로 제시할 수 있다. 첫째 이유는 마케도니아 왕국의 몰락과 더불어 로마인들이 세상에는 자신들의 패권에 도전할 수 있는 세력이 남아 있지 않다고 느꼈다는 것이다. 두 번째 이유는 마케도니아에서 로마로 자산이 이전되면서 로마에서 사적이든 공적이든

삶의 물질적 과시가 엄청나게 심해졌다는 것이다.[1]

이것은 로마의 지배 계층이 로마가 나락으로 떨어지기 직전까지 몰려 비틀거리던 수년간의 고통 끝에 공화정에 찾아온 압도적인 승리 때문에 초래된 도덕적 위기였다. 이 당혹스러운 경험을 했던 세대가 처음으로 보인 반응은, 승자에게 찾아온 거부할 수 없는 물질적 힘이 모든 문제를 해결하는 열쇠이며, 인간이 생각할 수 있는 유일한 목적은 그러한 힘으로 차지할 수 있는 최대의 쾌락을 아무 제한 없이 향유하는 것이라는 무분별한 가정이었다. 이 승자들은 바로 이러한 정신 상태가 군사적으로 패배한 한니발이 그들에게 성공리에 떠넘긴 도덕적 패배를 증언한다는 사실을 깨닫지 못했다. 그들은 자신들이 승자로서 경험한 세계가 파멸한 세계임을, 겉으로 보기에 승리한 로마 공화국이 이 파멸한 세상을 이루는 모든 몰락한 국가들 중에서도 가장 쓰라린 고통을 당한 나라임을 인지하지 못했다. 이 도덕적 탈선으로 인해서 그들은 100년 넘게 황야를 헤맸으며, 이 무서운 100년 동안 그들은 승리한 덕분에 마음대로 처리할 수 있었던 세상에 연이어 참화를 안겼고, 그중에서도 가장 큰 참화는 스스로에게 떠안겼다.

---

1. Polibius, *An Oecumenical History*, Book XXXI, ch.25.

그들이 스스로 선택한 가치인 군대에서도 파산은 곧 명백해 졌다. 로마는 한니발과 페르세우스°와 싸워서 힘들게 승리한 뒤에 군사력에서 자신들에게 크게 미치지 못하는 적들에게 일련의 굴욕적인 패배를 당했다. 그 적들을 열거하자면 이렇다. 기원전 149년 로마 정부가 냉혹하게 절멸을 선고한, 패배하고 군대를 빼앗기고 거의 무방비 상태에 있었던 카르타고, 기원전 153년부터 기원전 133년까지 로마의 모든 복속 시도에 저항한 야만족 누만티아, 기원전 135년과 기원전 104년에 시칠리아 대 농장의 에르가스툴룸°°에서 탈출한 동양인 노예들, 한니발이 기원전 218년부터 기원전 211년까지 휩쓸었던 이탈리아를 기원전 73년부터 기원전 71년까지 스파르타쿠스의 지휘로 폭동을 일으켜 거칠 것 없이 돌아다닌 검투사들, 페르가몬의 아리스토니코스를 신뢰했으며 새로운 통치의 도래에 대한 믿음의 힘으로 3년 동안(기원전 132-130년) 로마에 저항한 '태양의 시민들'°°°, 끝내 응징을 당하기는 했지만 반란을 일으켜 분노한 종주국에 충성을 거부하고 그들을 최대한으로 괴롭혔던 원주민 군주들(유

• 기원전 212년경-166년. 마케도니아의 마지막 왕.
•• 위험한 노예를 사슬로 묶어 가두거나 노예를 벌할 때에 쓴 건물.
••• 기원전 133년 페르가몬 왕 아탈로스 3세가 왕국을 로마에 넘긴 후, 그의 아버지 에우메네스 2세의 서자임을 주장한 아리스토니코스가 반란을 일으키고 지지 세력을 확보하고자 노예 해방을 약속하고 이들을 '태양의 시민'이라고 불렀다.

구르타, 미트리다테스).

로마가 이런 군사적 승리를 얻은 직후에 군사적 치욕을 당한 이유는, 그 100년간 항복해도 기대할 것이 전혀 없는 적에 맞서서 승리하더라도 장교들의 지휘를 받은 병사들이 더는 얻을 것이 없었기 때문이다. 이탈리아 농민의 동원도 야만인과 동양인의 복속도 로마 지배 계층의 금전적 이익을 위해서 냉혹하게 이용되었다. 로마 사업가에게는 수지맞는 계약을 안겨주고 원로원의 가축 목장과 대농장에는 저렴한 인력을 공급하기 위해서 속주에서 재산과 인력이 유출되었으며, 외국인 노예 노동력은 이미 부유한 소수 계층의 재산을 증식하기 위해서 무더기로 이탈리아 땅에 투입되었다. 이 땅에서 자본가들은 자영농이었던 자들을 빈곤하게 만들고 내쫓는 등 마음대로 처분했다. "이탈리아를 폐허로 만든" 라티푼디움의 중심지는 남부의 황폐해진 지역으로, 한니발 전쟁의 결과로 공유지가 되었다. 한편으로는 변절하여 침입자 편으로 넘어간 원 소유주를 처벌한 결과였고, 다른 한편으로는 원 소유주가 사라졌기 때문이었다. 원 소유주가 오래 지속된 국경 전쟁에 동원되자, 전쟁 이후 '농장주'와 '목장주'의 새로운 계층은 외진 전역에서, 히스파니아에 있는 두 속주의 서부 변경이나 속주 마케도니아의 북쪽 변경에서 여러 해동안 복무하면서 시장에 나온 땅을 구매하여 경작지를 늘릴 수 있었다.

이 시대에 로마 공화국의 신민과 시민은 승리에 도취되어 도적 떼로 변해버린 이전의 로마 지배 계층에 의해서 마찬가지로 희생된 동료들이었다. 기원전 104년 고대 그리스 세계 전체가 북유럽 야만인의 쇄도라는 공동의 위협 때문에 어두워졌을 때, 공식적으로는 로마의 보호를 받고 있는 우방국인 비티니아의 왕*은 군대를 파견하라는 로마 정부의 고위 대표단에게 뜻밖의 신랄한 말로 대응했다. "우리 신민의 대다수는 (로마의) 징세관들에게 납치되어 지금 로마가 관할하는 영토에서 노예로 살고 있다." 기원전 133년 사회 개혁을 추진하고자 했으며, 실제로 혁명을 촉발한 로마의 고결한 젊은 귀족은 아무런 모순 없이 이렇게 선언할 수 있었다.

이탈리아에 서식하는 야생동물은 거처를 가지고 있고, 각각의 굴과 둥지를 가지고 있지만, 이탈리아를 위해서 싸우다가 죽은 자들은 공기와 햇빛을 빼면 그 어느 것도 한 몫을 차지하지 못하고 있다……이들은 타인의 부와 사치를 위해서 전쟁에 나가 목숨을 바친다. 이들은 세상의 지배자라는 말을 듣지만 자신의 소유라고 말할 흙 한 줌도 가지고 있지 않다.

• 니코메데스 3세 에우에르게테스, 재위 기원전 127-94년.

티베리우스 그라쿠스의 동료들이 로마 농민이 받는 부당한 대우를 시정하려는 그의 노력을 거세게 거부하자 혁명이 일어났고, 이는 내전으로 곪아터졌다. 기원전 133년에 개혁가가 될 자가 살해당함으로써 로마 공화국의 한복판에 퍼진 자멸적인 폭력은 악티움 해전이 끝난 후인 기원전 31년에 아우구스투스의 평화가 확립됨으로써만 다시 억제되었다.

아우구스투스의 평화는 '황금기'의 시작을 알렸지만 이는 그저 '인디언 서머'였을 뿐이다. 로마가 그 폭력으로써 이미 자신에게, 그리고 고대 그리스 사회 전체에 입힌 상처는 되돌릴 수 없는 것이었다. 그 소수 지배 집단의 신들이 총애하는 인간들에게 마지막으로 허용한 최상의 것은 일시적 유예가 아닌 휴식이었다. 그리고 이 휴식조차도 파산한 신들의 백성이 아니라 새로운 세대, 즉 먼 지평선을 바라보고 다른 구세주의 힘을 신뢰하는 '미래의 인간들'의 이익으로 돌아가게 되었다. 폴리비오스 세대와 베르길리우스 세대 사이에 고대 그리스 세계에서 일어난 돌이킬 수 없는 사건은 프롤레타리아트의 이탈이었으며, 베르길리우스 세대와 마르쿠스 아우렐리우스 세대 사이에 이어진 움직일 수 없는 사건은 그 프롤레타리아트의 내부에서 새로운 사회 질서의 배아가 싹튼 것이었다.

그라쿠스가 정치적 조치로 치유하려고 했던 물질적 불만은 결국에는 부당한 반사회적 방식으로 시정되었다. 술라부터 아우구스투스까지 일련의 혁명적 군사 지도자들이 몇 년간 계속해서 어쩔 수 없이 병영을 집 삼아 검을 생계 수단 삼아 지내야만 했기 때문에 사실상 "땅으로 돌아갈" 수 없게 된 지 오래된 뿌리 뽑힌 전우들의 후손들에게 농지를 나누어주기 위해서, 어쨌거나 땅을 움켜쥐고 있던 이탈리아 농민의 후손들을 무자비하게 쫓아냈던 것이다. 그라쿠스의 치유책이 이렇게 조롱을 당한 것은 뿌리가 뽑히고 군사화한 시민-프롤레타리아트라는 질병보다 훨씬 더 나빴다. 그것은 이탈리아 농업에 최후의 일격을 가했다. 그러나 이탈리아의 사회 문제가 로마 정치의 모든 수단을 완전히 좌절시킨 그 순간에, 한때 티베리우스 그라쿠스가 정치 연설에서 사회적 병폐를 드러내는 비유적인 탐조등으로 썼던 들짐승의 '거소'와 '둥지'라는 우화는 당대 로마 당국자들의 마음에 아무런 인상도 남기지 못한(그들이 행정 절차의 와중에 그를 처형할 이유가 있었을 때에도 그렇지 못했다) 시리아의 어느 예언자가 다른 성격의 더 심오한 진리를 설명하는 데에 이용했다. 예수가 만투아누스 농장의 농민들을 약탈한 자에게 당한 갈릴리 농민의 고초를 떠맡았을 때, 그가 "여우도 굴이 있고 하늘의 새도 보금자리가 있지만 사람의 아들은 머리 둘 곳조차 없다"고 말했을 때, 그는 프롤레타리아트에게 그들의 물질 재화가 부당하게 폭력적으로 강탈당한 것이 혁명적 보복이나 정치 개혁의 이유가 아니라는 점을, 생각지도 못한 정신적 풍요의 원천

이므로 위장된 축복이라는 점을 납득시키고자 그라쿠스의 이미지를 이용했다.

> 온유한 사람은 행복하다. 그들은 땅을 차지할 것이다……
> 옳은 일을 하다가 박해를 받는 사람은 행복하다. 하늘나라가 그들의 것이다.
>
> ―「마태오의 복음서」 제5장 5절, 10절

로마가 기원전 168년 피드나 전투로 끝나는 반세기 동안 그리스 세계를 정복한 뒤에, 그 지배 계층을 지옥에 빠뜨린 이러한 승리의 중독은, 정도는 덜할지언정 마찬가지로 서구 역사의 근대 초에 에스파냐인들과 포르투갈인들이 신세계를 정복한 뒤에 파멸하는 원인이었고 또한 영국이 7년전쟁에서 벵골과 캐나다를 정복한 뒤에 파멸하는 원인이었다.

1494년 에스파냐인들과 포르투갈인들은 교황의 중재 재정을 받아서 토르데시야스 조약을 체결하고 해외 세계 전체를 마치 그곳에는 아무런 권리 주장자가 없는 것처럼 자신들끼리 분할했지만, 100년도 가지 못해 자신들의 독점이 깨지는 것을 보아야 했다. 에스파냐의 무적함대가 패배한 이후 네덜란드와 영국, 프랑스가 아메리카의 에스파냐 영역과 아프리카와 인도의 포르투갈 영역, 그리고 이베리아 반도의 두 나라가 극동에서 유지했던 영역을 마음대로 처리했던 것이다. 이베리아 반도 출신의 개척자들은 그 최초의 성과에, 그리고 이와 같은 인식의 과도한 자부심에 도취되었다.

> 그 고요한 바다 속으로
> 처음으로 뛰어든 것이 우리다―
>
> ―콜리지, "늙은 선원의 노래"

그러나 이러한 중독은 그들의 갑주에 벌어진 틈새였으며, 결국 16세기에서 17세기로 넘어가던 시점에 그들과 경쟁한 날카로운 눈매의 기민한 유럽인들에게 그곳을 찔렸다.

영국인들로 말하자면, 그들은 그 이전에나 이후로나 운명의 특별한 사랑을 받아서 신중하게 중용을 실천했으나 한 손으로는 캐나다를, 동시에 다른 한 손으로는 뱅골을 공격했을 때에는 일시적으로 중용에서 벗어났다. 1763년 인도 전체뿐만 아니라 북아메리카 전체도 집어삼키는 것이 영국제국의 '명백한 운명'인 듯했다. 그러나 20년 뒤에 영국은 두 아대륙(亞大陸) 중에서 더 나은 것을 잃었으며 나머지도 곧 잃어버릴 위험에 처했다. 역사의 심판에 따라 영국의 정치가 그 첫 번째 제국의 붕괴에 대한 배타적인 책임을 면했다는 것은 사실이다. 훗날 미국의 역사가들은 1775-1783년의 형제 살해 전쟁에서 전쟁의 책임이 양쪽 모두에게 있음을 보여주기 위해서 많은 애를 썼다. 그리고 워런 헤이스팅스*라는 이름은 150년 전에는 나쁜 인상을 주었지만 지금은 그렇지 않다. 그럼에도 1763년부터 1775년까지 영국의 정부가 13개 식민지에, 1774년 이후로는 캐나다에 거듭 보여주었던 것과 동일한 요령과 존중을 보여주었다면 영국이 그 식민지들을 잃는 일은 결코 없었을 것이라는 사실에는 변함이 없다. 또한 영국이 플라시 전투에서 짜릿한 승리를 거둔 이후 26년간 자행된 로버트 클라이브**에서 워런 헤이스팅스에 이르는 동인도회사 관리들의 약탈적 관행이 1783년에 무산된 인도법과 1784년에 발효된 인도법, 1786년부터 1795년까지 오랫동안 이어진 국사범 재판***으로 포기되지 않았다면, 벵골도 유지하지 못했을 것이다(심지어 벵골이 인도 전체를 포괄하는 제국으로 확대되지도 않았을 것이다). 클라이브가 자신의 '절제'에 얼마나 진심으로 '감탄했건', 영국인들이 아메리카 재앙의 영향을 받고 정신을 차려서 클라이브의 도덕적 기준을 개선하고자 노력하지 않았다면, 영국민은 덕목을 제대로 실천하지 않으려

• 포트 윌리엄(벵골) 관구의 초대 총독.

•• 벵골에서 동인도 회사의 군사적 우세를 확립한 영국군 장교이자 동인도회사 관리.

••• 워런 헤이스팅스는 1787년에 부패 혐의로 기소되어 오랫동안 재판을 받고 1795년에 무죄로 석방되었다.

는 그의 지나치게 파렴치한 태도 때문에, 갑자기 얻게 된 동양
의 영토를 분명히 곧 상실했을 것이다.

제7장

골리앗과 다윗

인류의 군사 역사에는 부드러운 털을 가진 자그마한 포유류와 두꺼운 피부를 갑주로 가진 육중한 파충류 사이의 생물학적 경쟁과 유사한 것이 있다. 골리앗과 다윗의 결투라는 무용담이다. 시리아 세계의 이 전설적인 싸움을 출발점으로 삼는다면, 최신 군사 기술과 구식 군사 기술 간의 일련의 승부에서 거듭 연출된 드라마를 발견할 것이다.

골리앗은 이스라엘 군대에 맞선 그 숙명의 날 이전에 베틀의 말코와 비슷한 장대와 쇠 600세켈 무게의 날을 지닌 창으로 여러 차례 승리를 거두었고, 투구와 흉갑, 방패, 정강이받이로 이루어진 한 벌의 갑주로 적의 무기를 완전히 막아낼 수 있음을 알았기 때문에 다른 방식의 무장을 생각할 수 없었다. 그 정도의 장비만 갖추면 무적이라고 믿었던 것이다. 따라서 골리앗은 우승자를 결정할 그날의 적에게 일대일 대결을 신청했다. 우승자가 나온다면 바로 완전무장한 창병일 것이라고 가정했고, 이스라엘 사람 중에서 누가 담대하게 무기를 들고 팔레스타인의 전사에게 맞서 싸우러 나오든지 자신에게는 손쉬운 먹잇감일 뿐이라고 확신했다. 이러한 가정과 확신은 너무도 강력했기 때문에, 몸에 갑옷도 착용하지 않고 손에 막대기만 들었을 뿐 달리 눈에 띄는 것도 없이 자신에게 맞서고자 달려오는 다윗을 보았을 때에 골리앗은 준비가 명백히 불충분한 적에 놀라기는커녕 불쾌함에 이렇게 소리쳤다. "막대기는 왜 가지고 나왔느냐? 내가 개란 말이냐?" 골리앗은 이 청년의 건방짐이 어린아이에게서나 볼 수 있는 어리석은 짓이 아니라 그 반대로 신중하게 계산된 작전이라고 의심하지 못했다(다윗은 자신이 골리앗처럼 무장하면 그의 적수가 되지 못한다는 것을 골리앗만큼이나 분명하게 인식했고 따라서 사울이 강권한 갑주를 한번 입어보려다가 곧 이를 거부했다). 골리앗은 다윗이 막대기를 들지 않은 다른 손에 새총을 쥐고 있음을 알아차리지 못했고, 그 양치기의 가방에 어떤 해악이 숨어 있는지 궁금해하지도 않았다. 그래서 이 불운한 팔레스타인의 트리케라톱스는 거만하게 성큼성큼 앞으로 걸어나왔고, 면갑의 보호를 받지 못해 드러난 이마가 새총의 표적이 되었다. 새총은 단 한 발로 그를 죽였다. 그의 눈에 우습게 보였던 적이 이제까지 수많은 죽음을 불러왔던 그의 창이 닿는 범위 안에 들어오기도 전이었다.

가드의 골리앗이 인류 역사에서 이처럼 당혹스러운 파멸을 자초한 최초의 호플리테스는 아니다. 골리앗의 조상이 이 땅에 처음으로 모습을 드러내기 전에 이미 카타프락토스처럼 보이는 파충류나 포유류가 그보다 더 육중한 갑옷을 입었기 때문이다.

(진화의) 매력적이지만 종국에는 언제나 치명적인 한 가지 길은 방호 기관의 발달이었다. 유기체는 여러 방법으로 자신을 보호할 수 있다. 은폐, 신속한 도주, 효과적인 반격, 공격과 방어를 위한 동종의 다른 개체들과의 연합, 골질의 갑과 가시로 몸체를 감싸는 것 등이다. 이 중에서 마지막 방식은 번쩍이는 비늘을 가진 데본기의 경린어(硬鱗魚)가 채택했다. 중생대 후기의 몇몇 거대한 도마뱀은 정교한 외피를 갖추었다. 제3기 포유동물은, 특히 남아메리카에서, 거대하고 기괴했다. 이 짐승들이 그렇게 방호 기관을 갖추기까지 얼마나 오랜 진화의 역사가 필요했을지 궁금하다. 방호 기관의 실험은 언제나 실패했다. 그것을 채택한 동물들은 움직이기 힘든 경향이 있었고, 상대적으로 움직임이 더딜 수밖에 없었기 때문에 주로 식물을 먹고 살아야 했다. 그러므로 이 동물들은 더 빠르게 '이로운' 효과를 내는 동물 먹이를 먹고 사는 적들에 비해서 일반적으로 불리했다. 방호 기관의 거듭된 실패는 다소 낮은 진화 단계에서도 정신이 물질에 대해서 승리를 거두었음을 보여준다. 인간에게서 더할 나위 없이 잘 예증된 것이 바로 이러한 종류의 승리이다.[1]

골리앗과 다윗의 무용담에 들어 있는 이상적인 승리의 사례는 천천히 전개된 인류의 군비 경쟁 역사로도 알 수 있는 철학적인 진실을 늘 보여준다. 그러나 동시에 미노스 문명 이후 공백기의 개별 호플리테스 전사, 즉 가드의 골리앗이나 트로이의 헥토르가 다윗의 새총이나 필록테테스의 활이 아니라 미르미돈 사람들의 팔랑크스에 굴복했다는 것도 역사적 사실이다. 미르미돈 사람들의 팔랑크스는 수많은 호플리테스가 어깨와 어깨를, 투구와 투구를, 방패와 방패를 바짝 붙여 만든 진정한 거대 괴물이었다. 팔랑크스 대열의 개별 전사는 각각 장비를 갖춘 헥토르나 골리앗의 닮은꼴이었지만 정신에서는 호메로스 시대 호플리테스의 반정립이었다. 팔랑크스의 본질은 대열을 이루는 전사들의 장비에 있지 않았기 때문이다. 그 본질은 오합지졸인 야만적인 개별 전사들을 군사 조직으로 바꿔놓은 규율에 있었다. 그 대형을 질서 있게 전개하면, 동수의 똑같이 잘 무장한 개별 전사들의 무질서한 노력보다 10배나 더 많은 것을 성취할 수 있었다.

『일리아스』에서 이미 어렴풋하게 예견할 수 있는 이 새로운 군사 기술은 제2차 메세니아 전쟁에서 티르타이오스의 시구의 음률을 따라서 행진하여 사회적으로는 재앙이었던 군사적 승리

---

1. Barnes, E. W., *Scientific Theory and Religion*, pp.474-75.

를 거둔 스파르타 팔랑크스의 형태로 역사의 무대에 확실하게 진입했다. 그러나 스파르타 팔랑크스의 승리는 결정적이지 않았다. 그들은 '적군'을 전장에서 모조리 몰아냈지만 그후 다른 새로운 기술에 패했다. 이와 같은 스파르타의 불행이 그들이 기원전 431-404년의 펠로폰네소스 전쟁에서 승리하여 "노를 접으려는" 유혹에 빠지자마자 일어났다는 것이 중요하다. 그 승리는 헬라스에서 스파르타의 군사적 패권을 완성시키는 듯했고, 그에 따라서 200년 이상 거슬러올라가는 과거에 그들이 동일한 전술로 메세니아인들에게 거둔 승리를 영예롭게 하는 듯했다. 기원전 404년 아테네가 패배한 뒤 33년 만에 그때 승리했던 스파르타의 팔랑크스는 치욕스럽게도 하찮은 존재가 되었다. 그들은 먼저 떼로 몰려든 아테네의 펠타스트들(이들은 골리앗들로 구성된 팔랑크스가 대적할 수 없었던 다윗의 무리였다)에게, 그 다음으로는 테베의 대형에 당했다. 테베의 대형은 팔랑크스를 개선한 일종의 군사적 혁신으로, 깊이와 무게, '돌격'을 불균등하게 분배하고 이를 통해서 규율이라는 오래된 자산에 새로운 기습의 요소를 더하여 결정적인 효과를 내도록 했다.* 그러나 아테네와 테베의 기술은 스파르타의 기술이 그러했듯이 연이은 성공 때문에 빠르게, 확실히 보잘것없어졌다. 이들이 각각

---

* 기원전 371년 레욱트라 전투에서 에파미논다스가 쓴 전술.

기원전 390년과 기원전 371년에 스파르타에 거둔 승리는 기원전 338년 마케도니아의 대형에 의해서 단번에 상쇄되었기 때문이다. 마케도니아 대형은 고도로 전문화한 전위대와 팔랑크스 창병들(phalangite)*이 중기병대와 교묘하게 통합되어 하나의 전투 부대를 이룬 상태였다.

가장자리에 경무장 군사를 배치하고 기병대를 갖춘 마케도니아 팔랑크스가 마케도니아의 정복과 스파르타의 정복 사이에 드러난 범위의 차이라는 척도에서 스파르타 팔랑크스를 능가했다면, 양자의 기술 사이에 벌어진 간극은 실로 엄청났다. 스파르타의 팔랑크스는 헬라스를 정복했을 뿐이지만 마케도니아 군대는 헬라스와 아케메네스 왕조의 페르시아 제국 둘 다를 정복했기 때문이다. 마케도니아인들은 키피소스 강과 에우로타스 강의 강둑에서부터 시르다리야(이악사르테스) 강과 베아스 강 강둑에 이르기까지 자신들에게 맞설 수 있는 적 없이 마음대로 진군했다. 그러나 마케도니아 군대의 위용을 가장 인상적으로 보여주는 증거는 필리포스 2세와 알렉산드로스 대왕에게 연이어 패배한 군사 강국의 긴 목록이 아니다. 그것은 필리포스 2세가 카이로네이아에서 압도적인 승리를 거둔 지 170년이 지난 후에 치러진 결정적인 전투에서 승리한 적군의 지휘관이 한 공언이다.

• 마케도니아 팔랑크스 대형의 창병. 이하 '팔랑크스 창병'.

콘술 루키우스(아이밀리우스 파울루스)*는 페르세우스와 대결한 로마의 전쟁에서 생전 처음으로 팔랑크스를 보았다. 싸움이 다 끝나고 집으로 돌아온 그는 친구들에게 마케도니아의 팔랑크스 대형이 자신이 본 것 중에서 가장 강력하고 무서웠다고 솔직하게 고백했다. 이는 단지 전투를 많이 목격한 자의 고백이 아니다. 그는 당대의 어느 지휘관보다 더 많은 전투에 참여한 군인이었다.[2]

그러나 기원전 168년 피드나에서 승리한 것은 페르세우스의 팔랑크스가 아니라 파울루스의 군단이었고, 방금 인용한 마케도니아 군 대형에 보낸 찬사는 그 팔랑크스에 죽음의 일격을 가한 로마 군 대형의 거장이 죽은 자들에게 던진 추도사이기도 하다. 기원전 2세기 마케도니아 군대가 로마 군단에 대적할 수 없었던 것은 기원전 4세기 아테네나 테베, 아케메네스 왕조 페르시아의 군대가 필리포스 2세와 알렉산드로스 대왕의 마케도니아 군대에 대적할 수 없었던 것과 마찬가지였다. 마케도니아의 군사적 운명이 이처럼 놀라운 '주객전도'를 겪은 이유는 다섯 대를 연이어 파죽지세로 모든 것을 치워버린 기술에 지나친 찬

• 기원전 168년 피드나 전투에서 페르세우스를 물리치고 제3차 마케도니아 전쟁을 끝낸 로마의 콘술.
2. Polybius, Book XXIX, ch.17.

사를 보낸 데에 있다. 마케도니아는 아주 자그마한 아테네와 테베에 힘들게 승리를 거둔 후에 거대한 아케메네스 왕조 페르시아 제국을 손쉽게 정복했다. 이후 마케도니아 병사들은 변두리만 제외한 인간의 거주 영역을 거의 차지한, 도전받지 않는 지배자로서 "노를 접었다." 그러나 그동안 서부 변경 너머에서는 로마인들이 한니발과의 엄청난 싸움에서 고생한 경험을 통해서 전쟁 기술을 혁명적으로 발전시키고 있었다. 한니발과의 싸움 이후에 로마 군대가 알렉산드로스 이후 마케도니아 군대에 비해서 엄청나게 우세했음은 두 군대의 첫 번째 충돌에서 확실하게 증명되었다. 기원전 200년 일리리아의 작은 기병전이 보여준 불길한 조짐은 기원전 197년 키노스케팔라이에서 실현되었고 기원전 168년 피드나에서 확인되었다.

로마 군단이 마케도니아 팔랑크스에 승리한 이유는 팔랑크스 창병과 경보병을 통합했기 때문이다. 이러한 방식은 마케도니아가 먼저 시작했으나 로마가 한층 더 진척시켰다. 마케도니아의 기술에서는 장비와 훈련에서 서로 가장 멀리 떨어진 양 극단에 있었고 사실상 별개의 부대로 분리되어 있던 두 병과의 세심하고 정확한 협조가 이 통합의 성패를 좌우했다. 마케도니아의 팔랑크스와 경보병 사이의 이 극히 중요한 협력이 전장에서 우연히 붕괴되면, 그때는 그 극단적인 전문화 때문에 두 병과 모두 융통성이 더 뛰어난 적의 처분에 내맡겨지는 위험에 처했다.

따라서 모든 것은 전장에서 군사적으로 얼마나 정확하게 전개하는가에 달려 있었다. 그 필수적인 정확성을 보장하기란 확실히 불가능했다. 키노스케팔라이의 안개나 피드나의 울퉁불퉁한 땅처럼 예기치 못한 자연의 불리함은 마케도니아 군 대형을 혼란에 빠뜨리기에 충분했다. 그로 인한 결과는 재앙이었다. 적은 한니발과의 싸움 이후 효율성을 획득한 부대였다.

로마의 이 효율성은 최근에 얻은 것이었다. 왜냐하면 그리스 세계의 변두리인 중부 이탈리아에서 마케도니아 이전 유형, 실로 테베 이전 유형의 구식 팔랑크스는 비교적 최근인 칸나이 전투 때까지도 전장에서 목격되었기 때문이다. 그때 구래의 스파르타 팔랑크스 대형으로 포진한 로마의 보병대는 히스파니아와 갈리아에서 온 한니발의 중기병대에게 후방으로부터 포위되었고 좌우 양쪽에서 밀고 들어온 아프리카인 중보병대에 의해서 가축처럼 학살당했다. 그러나 한니발과의 싸움에서 거듭 패하며 호되게 단련된 로마인들은 보병 기술을 개선했고, 이로써 로마 군대는 기존 마케도니아 체제의 결정적인 약점을 제거함으로써 당대 그리스 세계에서 가장 비효율적인 부대에서 가장 효율적인 부대로 단번에 도약했다. 그 창조적인 시절에 로마인들은 새로운 유형의 장비와 새로운 유형의 대형을 발명했고, 그 덕분에 어느 병사나 부대든, 경보병이나 중장 보병의 역할을 다할 수 있었으며 적과 대면했을 때에 즉석에서 하나의 전술에서 다른 전술로 전환할 수 있었다.

한니발과의 싸움 이후에 로마 군이 습득한 보병 기술이 기원전 200년 제2차 마케도니아 전쟁이 발발할 때까지 100년 이상 변화하지 않은 마케도니아의 기술보다 더 우월했음은 당대의 관찰자인 아르카디아의 폴리비오스가 다음과 같이 명쾌하게 설명한다.

고유의 유력한 기술을 갖춘 팔랑크스는, 쉽게 증명할 수 있듯이, 감히 정면으로 맞서려는 적군 대형은 무엇이든 일소할 수 있을 듯하다. 팔랑크스의 돌격을 버틸 것은 없다⋯⋯ 그렇다면 로마 군의 승리는 어떻게 설명할 것인가? 팔랑크스라는 마법에 패배를 안긴 함정은 무엇인가?

그 함정은 실질적인 기술인 전쟁에 내재한 불확정성의 요소(상황과 지형)와 사실상 특정한 상황과 특정한 형태의 지형에서만 진가를 발휘할 수 있는 팔랑크스의 융통성 부재 사이의 모순에 있다. 물론 언제든 결정적인 교전이 문제일 때 적군이 우연히도 팔랑크스에 적합한 상황과 지형을 어쩔 수 없이 감수해야 한다면 팔랑크스는 의심의 여지가 없는 확실한 승리의 부적일 것이다. 그러나 실제로 적군이 그러한 조건의 전투를 회피하는 것이 언제나 가능하다면, 팔랑크스 대형은 더는 무적이 아니다.

게다가 팔랑크스는 평평하고 거칠 것이 없는 지형을, 도랑이나 돌출부, 협곡, 울퉁불퉁한 바위, 물길 따위의 장애물이 없는 지형을 요구한다는 것이 인정된 바이다. 그런 장애물 중에서 어느 하나만 있어도 팔랑크스는 조화를 잃고 대형이 흐트러질 것이다. 팔랑크스에 필요한 지형, 즉 2,000야드(약 1.8킬로미터) 이상에 걸쳐서 장애물이 없는 지형을 찾기가 거의 불가능하거나 그러한 곳이 지극히 드물다는 것도 누구나 인정할 수 있다. 그런 장소를 찾을 수 있다고 해도, 앞에서 지적했듯이 적이 전투를 회피하는 것은 언제나 가능하다……(평지에서 팔랑크스와의 전투를 수용한다고 해도 적은 일부 병력은 예비로 남겨두고 나머지 병력으로만 팔랑크스와 대적하여 그 대형을 느슨하게 만들고 그 양 측면을 드러내도록 만든 뒤에 남겨둔 병력으로 경보병과 기병의 보호를 받지 못한 팔랑크스의 측면이나 후면을 공격함으로써 언제든지 승리를 확보할 수 있다.)[3] 요컨대, 적군은 팔랑크스에게 유리한 상황을 쉽게 피할 수 있는 반면 팔랑크스는 불리한 상황을 피할 수 없다. 그리고 내가 진술한 것이 옳다면, 이는 명백히 엄청난 약점이다.

---

3. 괄호 안의 인용문은 그 내용에 해당하는 원문을 요약한 것이다. ─아널드 토인비.

게다가 팔랑크스는 다른 군대와 마찬가지로 온갖 종류의 시골을 지나서 행군하며 진을 쳐야 하고 적군이 주요 지점을 차지하지 못하도록 미리 막아야 하며 포위 공격을 수행하거나 버텨내야 하고 예기치 못한 비상사태에도 대면해야 한다. 전쟁의 본질과도 같은 이 모든 군사 활동은 때로는 결과에 결정적인 영향을 미칠 것이다. 그러한 군사 활동에서 마케도니아의 군사 기술은 세련되지 못했으며 때때로 완전히 쓸모없었다. 팔랑크스 창병이 대열 안에서나 개인으로서나 제 실력을 발휘할 수 없었기 때문이다. 반면 로마의 군사 기술은 이 모든 군사 활동에서 공히 효율적이었다. 로마 병사는 일단 무장하고 투입되면 저마다 온갖 지형과 상황, 비상사태에 똑같이 잘 적응하여 대처했다. 그뿐만 아니라 전면전에 투입되건 부분적인 전투에 투입되건, 중대별로 교전에 들어가건 개별적으로 전투를 수행하건 똑같이 제 실력을 발휘했고 상황을 지배했다. 로마 군대는 세세한 효율성의 측면에서 경쟁자보다 엄청나게 월등했다. 따라서 로마인들이 적보다 훨씬 더 성공리에 군사적 목표를 달성하는 것은 당연하다.

완전한 형태의 로마 군대가 지닌 특징인 이러한 융통성 덕분에 전위병과 호플리테스의 통합이 완벽해졌다. 모든 군단병의 몸 안에서 전위병의 기동성과 중장 보병의 막강함이 결합되었기 때문이다. 한니발에 의해서 소환된 이후 낡아빠진 마케도니아 대형에 사용되어 파괴적인 효과를 낸 로마 군단은 마리우스로부터 시작하여 카이사르에 이르기까지 일련의 위대한 지휘관들이 수행한 야만족 전쟁과 내전에서 완성되었다. 그때 로마 군단은 화기가 발명되기 이전에 보병에게 가능했던 최고의 효율성을 획득했다. 그러나 바로 그 순간, 군단병들이 나름대로 완벽해지고 있을 때, 그들은 완전히 다른 기술을 갖춘 두 가지 형태의 중기병에 의해서 패배를 당했다. 그것은 일련의 긴 패배 중 첫 번째였다. 경무장 기마 궁수와 쇠미늘 갑옷을 입은 창병, 즉 카타프락토스였던 이들은 결국 로마의 군단병들을 빠르게 전장에서 내몰았다. 기원전 53년 카라이(하란)에서 기마 궁수가 로마 군단병에 거둔 승리는 기원전 48년 파르살로스(파르살라)에서 군단병과 군단병이 맞붙은 고전적인 전투*를 5년이나 앞섰다. 파르살로스 전투는 로마 보병의 기술이 절정에 달한 시점의 전투였을 것이다. 카라이의 불길한 징조는 400년도 더 지난 기원후 378년 카타프락토스가 로마 군단에게 치명적 일격을 가한 아드리아노폴리스(에디르네)에서 확증되었다.

아드리아노폴리스의 재앙은 시간이 지나면서 어려움이 심해

---

* 카이사르가 폼페이우스를 물리친 전투.

졌음에도 로마 군단이 거의 600년 동안이나 유지했던 우세의 비극적 종말로서, 역사가였던 당대 로마 군대의 장교에 의해서 생생하게 묘사되었다.[4]

이 파국 직전에 로마 군대의 전통적인 기술에 대한 로마 최고 사령부의 확신은 여전히 거만하다고 말할 수 있을 정도로 강력했기 때문에 당시 로마 영토인 트라키아를 약탈하고 있던 고트족과 접촉하는 데에 막 성공한 황제 발렌스는 처치 곤란한 야만인들을 즉각 응징해야 한다고 역설했다. 그는 조카이자 공동 황제인 그라티아누스가 서쪽에서 강행군으로 데려오고 있는 증원군이 곧 자신의 군대에 합류할 것이라는 급보를 받기는 했지만, 그 군대가 도착하기를 기다릴 생각이 없었다. 고트족은 적인 비잔티움 제국이 분노하자 뒤늦게 타협안을 제시했지만(고트족은 로마 군대가 강력히 대응하자 당황했다), 발렌스는 이를 받아들이려고 하지 않았다. 발렌스는 군단들에 즉각 고트족의 주둔지로 진군하라고 명령했다. 그의 바타협적인 정책은 처음에는 효과를 보아서 그가 옳았음이 입증되는 것 같았다.

(군단병들의) 무기가 부딪치면서 나는 무서운 소음과 간담을 서늘하게 하는 방패 두들기는 소리에 크게 위협을 느낀

---

4. Ammianus Marcellinus, *Res Gestae*, Book XXXI, ch.11-13.

야만족(이들은 일부 무리의 부재로도 약해졌다. 알라테우스와 사프락스의 지휘로 멀리서 군사 활동을 수행하던 무리의 일부는 비록 명령이 전달되고 있었지만 돌아올 시간이 없었다)은 화친을 청했다.

로마 군단들은 일격을 가할 필요도 없이 승리를 거둔 것 같았다. 그러나 실제로는 발렌스의 비타협적 태도로도 고트족의 기세는 꺾이지 않았다. 오히려 그들은 절망 끝에 용기를 냈고, 교섭은 일종의 교란 작전이었다.

고트족 사령관 프리티게른은 전 병력(중기병으로 구성된 부재 병력을 포함하여)으로 로마 군의 도전에 응할 수 있을 때까지 시간을 벌고자 했고, 이 계략은 성공했다. 로마 병사들이 식량도 식수도 없이 한낮의 열기 속에서 전투태세를 유지하는 가운데 그가 교섭을 질질 끄는 데에 성공했기 때문이다. 결국 "알란족의 분견대로 보강된 고트족 기병대가 알라테우스와 사프락스의 지휘로 전장에 나타나서 산줄기를 때리는 벼락처럼 로마 군대를 급습하여 번개처럼 빠른 속도로 파괴적인 학살극을 펼쳤고, 근접전에서 맞붙은 수많은 로마 군인을 죽여버렸다." 군단병들은 대형이 흐트러져 매우 조밀하게 무리를 이루었고, 그래서 검을 휘두를 공간이 없었다. 심지어 검을 뽑기도 어려웠다. 이 가혹한 곤경에 처한 이들은 일찍이 선조들이 마케도니아 팔랑크스의 창병들에 가한 파멸을 맞이했다. 카타프락토스 중 기병들은 로마 군단을 그렇게 빠져나올 수 없는 궁지에 몰아넣고 강력히 공격하며 당황한 적이 다시 대형을 갖출 기회를 주지 않았다. "마침내 야만족 공세의 무게와 '돌격'에 로마 군대의 전열은 무너졌고, 군단병들은 결국 절망적인 상황에 내몰려 대패를 당하고 혼란 속에 달아났다." 이 역사가는 "로마 군대의 사상자가 교전에 투입된 병력의 3분의 2에 달했다"는 것이 사실임을 보증한다(발렌스 황제도 행방불명된 사람 중 한 명이었다). 그는 "칸나이 전투를 제외하면⋯⋯로마의 군사 역사에서 이보다 더 큰 학살극이 펼쳐진 전투 기록은 없다"는 견해를 표명했다.

암미아누스•는 아드리아노폴리스 전투를 칸나이 전투와 비교하여 평가하면서 자신의 역사적 통찰력을 증명한다. 로마의 군사적 재능을 자극하여 구식 스파르타 모델의 무기력한 팔랑크스를 자마와 키노스케팔라이, 피드나에서 연이어 승리한 기동성 있는 군단으로 바꿔놓은 것이 바로 로마의 보병들이 한니발의 중기병대에게 학살당한 칸나이 전투였기 때문이다. 그러나 아드리아노폴리스 전투가 있던 해에 칸나이의 교훈은 거의 600년 전의 일이었다. 그 600년 동안 로마의 군단병들은 앞서 마케

• 로마 군인이자 역사가. 96년 네르바 황제의 즉위부터 378년 아드리아노폴리스 전투에서 발렌스 황제가 사망한 때까지의 역사를 썼다.

도니아인들이 그랬듯 동양의 중기병대에 압도되어 쓰러질 때까지 "노를 접었다." 그 동양의 중기병대는 한니발의 방진보다 더욱 강력했으며 보병 기술의 새로운 혁신 없이는 효과적으로 대적할 수 없는 상대였다. 마침내 효율적인 혁신이 이루어졌지만 이는 1,000년 동안 지속되지도 않았고 로마의 지혜로 이루어진 것도 아니었다. 로마인들은 기원전 55년 크라수스의 재앙*, 기원후 260년 발레리아누스의 재앙**, 기원후 363년 율리아누스의 재앙***에서 자신들의 군단이 동양의 기마대에 비해서 열등하다는 경고를 거듭 받았지만, 보병 기술에서 창조적인 진척을 이루어내지 못했다. 로마인들은 군단을 개혁하지 못하고 운명에 내맡겼다. 그리고 때가 무르익어서 기원후 378년 아드리아노폴리스에서 '통렬한 일격'을 당했을 때, 그들은 패배한 군단을 당장 내버리고 승리한 카타프락토스 기병대를 취하는 것 말고는 달리 창조적인 치유책을 생각할 수 없었다. 그라티아누스의 공동황제이자 계승자인 테오도시우스 1세는 야만족 기병들을 고용하여 빈자리를 채움으로써 로마 군대의 보병들을 궤멸한 것에 보상했다. 절체절명의 순간에 그리스와 동양의 속주들이 똑같은 길을 가지 않을 수 있게 막아낸 새로운 로마 군대는, 제국

• 카라이 전투에서 파르티아에 패하며 사망했다.
•• 에데사 전투에서 사산조 페르시아의 샤푸르 1세의 포로가 되어 사망했다.
••• 사마라 전투에서 사산조 페르시아와 싸우다가 부상을 입고 사망했다.

정부가 이 근시안적 정책으로 벌어들인 짧은 휴식 기간에 대해서 불가피하게 대가를 지불했을 때, 그리고 야만족의 용병 부대가 서부의 속주들을 분할하여 야만족 '계승 국가들'로 만드는 것을 지켜보았을 때에도 야만족의 방식대로 무장하고 말에 올랐다.

로마 군단병의 치욕적인 최후는 기원후 378년 트라키아의 평원에서 그들을 무너뜨린 카타프락토스 기병대가 퇴보한 군대였다는 기묘한 사실 때문에 더욱 돋보인다. 기원전 53년 카라이에서 크라수스의 군단에 항복을 강요했던 파르티아의 기병들은 원래의 유목민 전사들처럼 기마 궁수였고, 아드리아노폴리스에서 발렌스의 군단을 궤멸한 사르마티아인과 고트족의 카타프락토스 기병들은 투박하게 마구 돌진하는 방법으로 승리를 거머쥔 창병이었다. 그들은 기원전 53년 카라이에서 수렌의 기마 궁수들이 쓴 방법처럼 지칠 줄 모르는 낙타로 공급한 화살을 끝도 없이 쏘아서 적을 압도하는 세련된 기술을 구사하지 않았다. 카라이는 "이 세상의 전투를 혁명적으로 바꿔놓았어야 했다. 그러나 실제로는 별 효과를 내지 못했다. 수렌이 이듬해 죽임을 당하고 그의 조직은 와해되었기 때문이다."• 미래는 경무장 기마 궁수가 아니라 중기병인 카타프락토스에게 있었다. 카타프락토스는 카라이에서 파르티아 전열에 있었지만, 갑주를 입지 않은

• 수렌이 위협이 된다고 느낀 국왕 오로데스 2세가 그를 처형했다.

동료들의 빛나는 승리에 주목할 만한 기여를 하지는 않았다. 그리고 카타프락토스는 아시리아 보병의 갑주를 입자마자 유목민의 활을 버리고 호플리테스의 창을 들었다. 기원전 331년 가우가멜라에서 아케메네스 왕조의 최후를 위해서 싸웠던 1,000명의 사카인 부대는 말과 사람 둘 다 갑주를 착용하기는 했지만 여전히 활로 무장한 것으로 설명된다. 그러나 이들이 교전에 들어갔을 때, 절반쯤은 카타프락토스라고 할 수 있는 그 사카인들은 활을 쏘지 않았다. 그들은 돌격했다. 그리고 두라에우로포스의 벽화에 묘사된 완전무장한 파르티아 카타프락토스는 창을 들었을 뿐 활은 없었다. 카라이에서 경무장 기마 궁수가 크라수스에 승리를 거두었고, 이 로마와 파르티아 사이 힘의 대결의 두 번째 전투에서 벤티디우스에 맞선 카타프락토스의 돌격은 실패했지만* 마르쿠스 안토니우스에 맞선 경무장 기마 궁수는 다시 성공했다.** 그럼에도 파르티아는 카타프락토스를 선택했다. 그리고 아르사케스 왕조 파르티아 제국의 모범을 그 계승 국가인 사산 왕조가 따랐다. 프로코피오스가 묘사한 대로 6세기 벨리사리우스의 로마 군대 카타프락토스는 아시리아 유형의

---

* 기원전 38년 키레스티카 전투에서 로마 장군 벤티디우스가 파르티아의 왕자 파코루스가 이끄는 군대를 격파했다.
** 기원전 36년 안토니우스는 파르티아 영토 안으로 침입했다가 패하고 후퇴했다.

기마 궁수였다는 것이 사실이다. 그러나 카라이에서 경무장 기마 궁수가 승리를 거둔 이후 1,200년 동안 안장을 차지한 것은 중무장 기마 궁수가 아니라 중무장 창기병이었다. 그리고 1,000년이 넘는 기간에 걸쳐서, 유럽과 아시아 전역에 걸쳐서 이 창기병의 장비에는 놀라운 획일성이 보인다. 그 정체는 오해의 소지가 없다. 우리가 볼 수 있는 창기병의 초상이 1세기의 어느 프레스코화에 있든 크림 반도의 어느 무덤에 있든, 사산조 왕들을 묘사한 파르스의 3세기, 4세기, 5세기, 6세기의 얕은 부조에 있든, 당나라(618-907년) 병사인 극동 중기병의 작은 토용(土俑)에 있든, 시대에 뒤진 당대의 잉글랜드 보병이 정복자 윌리엄의 노르만 기사들에 패한 것을 묘사한 11세기 바이외 태피스트리에 있든 마찬가지이다.

카타프락토스의 긴 수명과 편재성이 크게 놀랄 만한 것이라면, 그것이 퇴보한 형태로만 도처에서 동시에 나타났다는 것도 주목할 만하다. 육중한 장비는 쇠퇴의 징후일 가능성이 크기 때문에, 카타프락토스의 역사의 다음 장을 읽어도 우리는 놀라지 않을 것이다. 그 이야기는 이번에도 당대인의 말로 들을 수 있다. 이번에는 그것을 직접 목격한 사람이다.

평화의 도시(바그다드)가 최악의 재앙에 직면한 이슬람력 656년(이슬람력은 1258년 1월 8일에 시작한다), 사령관이 그 도시의 서쪽에서 타타르인에 맞서고자 나아갔을 때 나는 그의 군대에 있었다. 우리는 두자일의 보호를 받는 나르바시르에서 대면했다. 우리 중에서 완전무장한 어느 기사가 아랍 말에 올라타고 일대일 대결을 청하고자 나아갔다. 그와 그의 군마는 마치 큰 산 같았다(그렇게 견고했다). 그에 대적하고자 몽골 군대에서 기병이 한 명 나왔는데, 당나귀 같은 말에 올라탔고 손에는 굴대 같은 창을 쥐었으며 긴 옷도 입지 않고 갑주도 착용하지 않아서 보는 사람마다 웃지 않을 수 없었다. 그러나 그날이 끝나기 전에 그들이 승리를 가져갔으며 우리는 대패했다. 그것이 재앙의 열쇠였다. 이후 우리에게는 닥칠 일이 닥쳤다.[5]

그러므로 시리아 역사가 시작되는 첫 국면에 펼쳐진 골리앗과 다윗의 전설적인 대결은 하나의 증명된 역사적 사실로서 대략 2,300년 후의 어느 해질녘에 되풀이되며, 이 경우에 거인과 왜소한 자는 서서 싸우지 않고 말을 타고 싸우기는 했지만 결과는 똑같았다.

이라크의 카타프락토스 중기병대를 물리치고 바그다드를 약

---

5. Falak-ad-Din Muhammad b. Aydimir. Ibn-at-Tiqtaqa, *Kitab-al-fakhri*에서 인용. 이 번역문의 출처는 다음과 같다. Browne, E. G., *A Literary History of Persia*, vol. ii, p.462.

탈했으며 아바스 왕조의 칼리파를 그의 보물 창고에서 굶어죽게 만들고, 아케메네스 왕조 페르시아 제국의 회복이요 시리아 '세계 국가'의 재통일을 의미했던 칼리파 국가에 최후의 일격을 가한 무적의 타타르 카자흐인은, 기원전 8세기에서 기원전 7세기로 넘어가던 때에 키메리아와 스키티아에서 분출하여 서남 아시아에서 처음으로 이름을 알려 공포의 대상이 된 이래 오래 존속한 진정한 유목민 유형의 경무장 기마 궁수였다. 13세기에 타타르인이 폭발적으로 팽창할 때에 그 근거지였던 스텝 지역의 중심부에서 사멸하지 않고 살아남은 고대 유목민의 군사 기술은 이제 그 역사의 종장에서, 정주 사회들이 약 2,000년간의 오랜 정체기에 잠시 창의성을 발휘하여 흉내낸, 갑주로 뒤덮인 모조품에 대해서 우세함을 주장할 수 있었다. 그러나 이 역사적 순간에 말 탄 다윗이 말 탄 골리앗을 쳐부수는 것이 당연했다면, 이 되풀이된 이야기에서 그들의 대면이 가져온 귀결도 원래의 이야기를 충실히 따랐다. 다윗의 새총에 쓰러진 갑주 입은 보병 전사가 이후에는 다윗이 아니라 골리앗들로 구성된 팔랑크스에 의해서 밀려났음을 우리는 보았다. 그 팔랑크스에서 각각의 팔랑크스 창병은 골리앗의 장비를 갖추었지만, 원시적인 일대일 대결에 탐닉하는 대신 통제된 대형 안에서 싸움으로써 그 장비를 더욱 효율적으로 사용하는 법을 배웠다. 이제 기병의 시대에 규율은 한번 더 개인주의에 승리를 거두었다. 1258년 바그다드의 성벽 아래에서 아바스 왕조 칼리파의 기사들을 무찌른 훌라구 칸의 몽골 경기병대가 이후 유프라테스 강을 건너서 아바스 왕조의 새로운 칼리파들을 보호한 시리아와 이집트의 지배자 맘루크들과 결전을 벌일 때마다 거듭 패배했기 때문이다(1260, 1281, 1299-1300, 1303년). 맘루크의 장비는 몇 년 전 나르바시르에서 그토록 치욕스럽게 무너진 동료 무슬림 기사들의 장비보다 나을 것도 모자랄 것도 없었다. 그러나 맘루크는 규율을 따름으로써 전술에서는 그 명성과 위상에 맞게 행동했다. 그리고 이 규율로 그들은 몽골의 명사수들과 프랑크족 편력 기사들을 지배했다.

이제 골리앗과 다윗이 먼저 땅에 서서, 그 다음으로는 말을 타고 싸운 것을 보았으니,[6] 우리는 이 원형 경기장이 해상에서

---

6. 다음 인용문은 1938년에 쓰인 것으로 원 저작의 본문에 나오는 것인데 여기서는 각주로 처리해도 될 것 같다. (*A Study of History*, vol.iv, p.463)

만일 인류가 전쟁 행위에 조금이라도 더 탐닉하면 사회의 전멸을 초래할 것 같은 수준의 치명성을 달성한 후에도 계속해서 전쟁의 기술을 연마할 정도로 사악하다면, 1914-1918년의 전쟁을 승리로 이끈 기술이 사슬의 마지막 고리가 아닐 것이라는 점이 1938년에 이미 분명했다. 서구에서 다른 전쟁이 발발한다면, '전후의' 영국 해군과 '전후의' 프랑스 반(半)지하 국경 요새들은 후세에게 '전쟁을 끝낼 전쟁'이 아니라 상처를 떠안은 경쟁자들이 적시에 끝내지 못한 군사적 대결의 하나인 1914-1918년의 사건으로만 기억될 것에서 승리한 자들의 목에 매달린 맷돌로 입증될 것이다. 또다른 전쟁이 발발한다면, 20세기 서구 화학자들이 고안한 온갖 파괴적인 장치들을 실은 적군의 항공기가 프랑스의

의 전투 장면으로 바뀌어 몇 쌍의 검투사들이 물 위에서 결투를 되풀이하는 것을 기다려보지 않고는 그 싸움터를 떠날 수 없다.

우리는 덧없는 기술을 우상화하여 초래된 파괴를 고찰해왔다. 해군 역사의 진기한 사건이 제공하는 실례를 들어 결론을 내리고자 한다. 로마가 제1차 포에니 전쟁(기원전 264-241년) 중에 바다로 나갔을 때, 그들이 맞서야 했던 카르타고 해군은 테미스 토클레스* 세대 이후 200년 동안 지중해 세계에서 해전 기술에 연이어 도입된 모든 개선을 물려받은 군대였다. 전승(이것이 신뢰할 수 있는 사실이든 전설의 '철학적 진실'이든)에 따르면, 뱃사람으로는 풋내기였던 로마 병사들이 200년에 걸친 해군의 진보를 단번에 무효화하고 해전을 한번 더 처음의 사정대로 선상에서 싸우는 육상 전투라는 원시적 형태로 격하시킴으로써 해

요새들을 넘어갈 수 있을 것이고 항구에 정박해 있는 영국 대함대 군함들을 침몰시킬 수 있을 것이다. '다음 번 전쟁'의 승리('승리'라는 개념이 여전히 어떤 의미를 지닌다면)는, 그 전쟁이 '위대한 사회(the Great Society)'의 존재를 없애버린다면, 숫자가 아니라 규율과 훈련에서 힘을 가지는 '전후'의 직업 군대가 거둘 것이다. 그 훈련과 규율 덕분에 이 20세기 예니체리들은 최신 무기의 병기창을 누구의 방해도 받지 않고 장악하여 최대의 이익을 끌어낼 수 있을 것이다. 그러한 군사 기술을 갖춘 부대는 프리드리히 대왕의 척탄병들과 셀림 1세의 머스킷 총병들과 동일한 기술과 덕목으로 정복할 것이다. 그리고 승리한 무리가 독일 국방군이라면, 유럽 군사사는 한 바퀴를 완전히 회전한 것이리라.

• 제2차 페르시아 전쟁 중에 살라미스 해전에서 그리스 연합군을 지휘한 아테네의 장군.

전의 명수였던 카르타고 병사들을 궁지로 몰아넣었다. 로마는 동등한 조건에서 카르타고에 맞설 수 없었고 해변에 올라서야만 자신들이 확실하게 우위를 점할 수 있음을 유감스럽게 생각했기 때문에 건널판을 고안하여 돛에 매달고 철제 갈고리를 장착했다. 이를 수단으로 그들은 카르타고의 전함을 말 그대로 붙잡았다. 이 충격적일 만큼 비전문적인 기술 혁신으로 로마는 전술적으로 주도권을 쥐었고 크게 놀라 분개한 적이 그 전통적인 기동타격 전술을 펴지 못하게 막았으며, 갈고리로 적의 배를 붙잡아서 난입하는 전술을 강력하게 이용했다. 이는 전쟁의 운명에 결정적인 영향을 미쳤다.

이 이야기에 일말의 진실이 있다면, 그것은 몰락과 맹목적 숭배 사이의 연관 관계를 분명하게 보여준다. 숙달된 자들이 맹목적으로 숭배한 내재적으로 우세한 기술이, 혁신이기 때문에 아직 맹목적으로 숭배될 때가 오지 않았다는 점을 제외하면 유리한 점이 없는 내재적으로 열등한 기술에 패하는 것을 보여주기 때문이다. 그리고 이 이상한 장면은 이 점을 매우 강력히 암시한다. 해를 끼치는 것은 대상의 내재적인 속성이 아니라 맹목적인 숭배 행위이다.

제8장

군사 기술 발달의 대가

오늘날에 이르기까지 기록으로 남아 있는 것에 따르면, 오늘날까지 4,000-5,000년 동안 문명 붕괴의 가장 흔한 원인은 군사주의였다. 군사주의는 한 지역 사회를 형성하는 국가들을 파괴적인 공멸의 싸움으로 내몰아 서로 충돌하게 함으로써 문명을 붕괴시킨다. 자살과도 같은 이 과정에서 사회 구조 전체는 몰록의 냉혹한 가슴 속에서 무서운 화염을 키우는 연료가 된다. 하나의 전쟁 기술은 모든 평화의 기술을 희생시키며 발전한다. 이 죽음의 의식이 그 열성적인 신봉자들의 파멸을 완료하기 전에, 그 신봉자들이 학살의 수행에 매우 숙달된 전문가가 되어서 우연히도 잠시 동안 상호 파괴의 난장판을 멈추고 한동안 그 무기를 이방인의 가슴을 향해 돌린다면, 그들은 자신들 앞에 있는 모든 것을 쓸어버릴 것이다.

적절한 사례로는 기원전 4세기에서 기원후 1세기 사이에 헬레니즘이 뒤늦게 인도와 브리타니아로 확산된 것을 들 수 있다. 이 팽창이 따라간 경로를 열어놓은 것이 마케도니아 군대와 로마 군대였다. 그리고 그 두 군대는 아테네가 패권을 확립하는 데에 실패하고 로마가 '통렬한 일격'을 가하는 데에 성공한 고대 그리스 세계 강국들 간의 오랜 기간 지속된 공멸의 전쟁에서 단련되어 불가항력의 효율성을 획득했다. 그러므로 고대 그리스 세계의 역사에서 군사주의는 그리스 세계 후기의 팽창은 물론이고 이와 동시에 발생한 그리스 사회의 해체에도 최소한 부분적인 책임이 있다.

문명이 쇠퇴하는 동안 기술이 개선된 사례는 유럽의 후기 구석기 시대와 기술 계통에서 그 직후의 계승자인 초기 신석기 시대를 대비하면 찾을 수 있다. 후기 구석기 사회는 거친 공작 도구에 만족했지만 뛰어난 미적 감각을 발전시켰고 느낌을 그림으로 표현하는 간단한 방법을 찾아내기를 게을리하지 않았다. 현대의 고고학자들이 발굴한 구석기인의 동굴 주거지 벽면에는 숯으로 생생하게 묘사한 솜씨 좋은 동물 그림이 남아 있어서 놀라움과 감탄을 자아낸다. 초기 신석기 사회는 대단한 노력 끝에 정교하게 갈아서 만든 도구를 갖추었으며, 구석기인과의 생존 투쟁에서 그 도구를 무기로 사용함으로써 이득을 취했을 것이다. 그 싸움에서 호모 픽토르(*Homo Pictor*)*는 패배하고 호모 파베르(*Homo Faber*)**가 세상의 주인이 되었다. 어쨌거나 구석

---

* 그림 그리는 인간.
** 도구를 쓰는 인간.

기 사회는 사라졌고 대신 신석기 사회가 군림했다. 기술의 측면에서 놀라운 개선을 가져온 이 변화는 문명의 관점에서는 명백히 후퇴이다. 후기 구석기인의 예술이 그들과 함께 소멸했기 때문이다. 초기 신석기인이 조금이나마 미적 감각을 지녔다고 해도, 어쨌거나 그들은 이를 물질적으로 표현하지 않았다.

문명의 퇴보와 동시에 기술 개선이 이루어진 다른 사례는 미노스 문명이 사멸하던 정치적 공백기에서 찾아볼 수 있다. 미노스 문명 사회는 그 역사의 처음부터 끝까지 줄곧 청동기 시대에 머물렀다. 미노스 문명 사후의 민족 이동 시기에 미노스 사회의 버려진 영역을 습격한 유럽 대륙의 야만족들 중에서 가장 늦게, 가장 잔인하게 몰려온 무리는 청동 대신 철로 만든 무기로 무장했으며, 미노스 문명의 못난 후예들을 습격하여 승리를 거둘 때에 더 강력한 금속에 대한 지식이 있었기 때문에 확실히 도움을 받았다. 그러나 철로 만든 검으로 무장한 '도리스인'이 청동 검으로 무장한 미노스인에게 거둔 승리는 야만성이 문명에 거둔 승리였다. 철로 만든 검은(이 점에서는 강철로 만든 전차나 잠수함, 폭격기, 훗날 기계 문명 시대의 여타 살인 기계도) 문명의 부적이 아니면서 승리의 부적일 수는 있기 때문이다. '도리스인'이 청동 무기 대신 철제 무기를 채택했다고 해도, 그들이 야만인이 아닌 것은 아니다. 그리고 이 야만인들에게 야금술에 쓸 더 좋은 새로운 물질을 찾아내는 기술적 성취를 이룬 공이 있다고 생각할 이유는 없다. '도리스인'의 철은 원래 '도리스인'의 발견이 아니라 '도리스인'의 차용이었을 것이다. 이 야만인들은 지리적 우연으로 인접 지역의 숙련된 장인들을 모방함으로써 그 기술을 빌려왔을 것이다. '도리스인'과 미노스인의 이 우연한 만남에서 문명 진보의 기술적 기준은 귀류법에 의해서 논파된다. 기술이라는 판단 기준에 따르면, 우리는 부득이 미노스 문명 이후의 공백기가 밑바닥에 도달했을 때에 에게 해 지역의 문화가 진전을 이루었다고, 이 진전이 미노스 문명의 전 역사에서 달성된 그 무엇보다도 더 중요하다고, 그 진전이 철제 검을 쓰는 침입자 '도리스인'의 무리가 그 철제 무기로 청동 검을 쓰는 미노스 문명에 최후의 일격을 가한 순간에 이루어졌다고 선언해야 하기 때문이다.

구세계의 역사에서 찾아낸 이 사례와 놀랍도록 정확하게 일치하는 사례가 신세계의 역사에도 있다.

마야인과 톨텍족의 연대기가 확정되면서 중앙 아메리카와 멕시코에서 철기 시대가 언제 시작되는지도 정해지는데, 양자 간의 시차는 비교적 크지 않다. 코판과 키리구아, 기타 제1제국의 마야 도시들에서 나온 출토품 중에서 금속 표본은 구리 조각 하나 나오지 않았다. 과테말라의 라스케브라다스는 실제로 사광(砂鑛) 위에 건설되었지만, 그 유적을 거의 파괴하다시피 한 세광 작업에서 금 세공품은 전혀 발견되지 않았다. 초기 유물에 목 가리개와 종 같은 금속 장신구가 그려져 있지도 않았다. 그러므로 철기 시대는 600년 이후까지도 시작되지 않았다고 결론 내릴 수 있다. 그러나 1200년이 되면 금과 은, 구리, 기타 다양한 합금에서 금속 세공이 고도로 발달했다. 유카탄 반도의 북부 치첸이트사에서 발견된 여러 표본은 코스타리카와 콜롬비아에 기원을 두고 있으며, 금속 세공 기술은 콜롬비아 남부에서 멕시코 중부까지 분포된 것과 동일하다. 그 기법은 분명히 1000년경 남아메리카에서 도입되었으며 에스파냐에 정복될 때까지 500년 동안 급속하게 발전했다.[1]

우리의 논지를 중앙 아메리카의 사례로 설명한 것과 앞에서 에게 해의 사례로 설명한 것이 서로 도움이 된다는 점이 드러날 것이다. 구세계의 미노스 문명 사회가 청동기를 벗어나지도 못한 채 그 위업을 달성하고 생존했던 것처럼, 마야 문명 사회도 발흥했다가 몰락할 때까지 석기 시대를 지나서 철기 시대에 접어들지 못했다. 중앙 아메리카에서 야금술의 도입은 마야 문명과 연관된 두 문명의 역할로 남겨졌는데, 둘 다 문화적 성취의

---

1. *The Encyclopaedia Britannica*, Thirteenth Edition, vol.1, p.195.

전체적인 수준에서 선행 문명보다 크게 뒤졌다. 그러므로 이 경우에서도 다시 한번, 기술 발전은 문화적 공백기에 이루어졌다.

마야 문명에 속했거나 미노스 문명 이후 고대 그리스 세계가 출현하기 전의 공백기에 에게 해 세계를 침입한 야만인들에 속한 이류 문명들이 훌륭한 기술적 솜씨를 가진 문명의 개척자였다고 주장하는 것이 기술적 기준의 귀류법이라면, 고대 그리스의 마지막 위대한 역사가가 유사한 기술적 근거로써 고대 그리스 세계 이후 공백기에 관하여 제시한 똑같이 터무니없는 주장을 살펴보는 것도 재미가 있다.

카이사레아의 프로코피오스는 로마 황제 유스티니아누스(재위 527-565년)의 전쟁에 관한 역사를 썼다. 그 여러 전쟁은 사실상 고대 그리스 사회에 종말을 고했다. 유스티니아누스가 제국의 원래 영토를 회복하려는 잘못된 야심을 실현하려고 고집스럽게 애쓴 탓에, 동양의 속주들은 재정이 파탄 났고 발칸 반도의 속주들은 인구가 감소했으며 이탈리아는 황폐해졌다. 유스티니아누스는 앞만 보고 달렸지만 그런 희생을 치르고도 목적을 달성하지 못했다. 아프리카에서 반달족을 절멸하여 무어인들이 대신 그 자리로 들어올 수 있게 길을 닦았기 때문이고, 동고트족을 제거함으로써 이탈리아를 무주공산으로 만들어 그로부터 3년이 지나기도 전에 훨씬 더 야만적인 랑고바르드족이 그곳을 차지하도록 했기 때문이다. 유스티니아누스 전쟁에 뒤이은 100년은 사실상 고대 그리스 세계 이후의 공백기가 바닥에 이른 때였다. 후세대가 돌이켜보면 알 수 있듯이, 이는 프로코피오스 세대의 비극이었다. 헬레니즘의 종말이 얼마나 멀었든 아니면 얼마나 가까웠든 간에 고대 그리스 세계의 역사가 오래 전에 그 정점을 지났다는 것은 당시에도 고통스러울 정도로 명확했고 프로코피오스의 동시대인들도 널리 인식하고 있었다. 그러나 이 탁월한 역사가는 자신이 붓을 들기 직전, 헬레니즘에 최후의 일격을 가한 파멸적인 사건들을 설명하면서 그 서문에서 최신 기술과 오래된 기술 사이에서 선택하는 자신만의 탐구에 몰두한다. 그리고 그는 전쟁술에서 기술적으로 우월하다는 이유로 최신 기술의 승리를 인정한다.

편견이 없는 사람에게는 이 여러 전쟁에서 벌어진 사건들이 역사의 다른 사건보다 더하지는 않을지언정 적어도 그만큼은 놀랍고 인상적이라는 것이 분명해 보일 것이다. 오래된 것의 승리를 인정하자고 고집하고 작금의 세계의 그 어느 것에도 감동하지 않으려는 독자의 시각에서 보는 것이 아니라면, 이 전쟁들은 기록에 남은 어느 것보다도 더 엄청난 성격의 사건들에 책임이 있다. 우선 떠오르는 사례는 최신 군대를 '궁수'로 암시하고 '백병전 전사'나 '중기병' 같은 호칭은 옛 전사들에게 붙여주는 태도이다. 이 경우는 확실히 지금 시대에는 그러한 군사적 자질이 소멸했다고 가정한다. 그러한 가정은 그렇게 가정하는 자들의 피상적인 태도와 절대적인 경험 부족을 드러낸다. 정체를 드러내는 수치스러운 몸짓으로 팔을 쳐들어 당기고 있는 호메로스 시대의 궁수들이 양 무릎 사이에 말을 두지 않았으며 손에 창을 들지 않았고 자신들을 보호할 방패나 갑옷을 갖추지 않았다는 것을 그들은 결코 생각하지 못했다. 그들은 두 발로 전투를 벌였고 동료의 방패 뒤에 숨거나 "묘비에 기대어" 엄폐해야 했다. 이 자세 때문에 그들은 패했을 때에 탈출할 수 없었고, 퇴각하는 적을 추적할 수 없었으며 특히 개활지에서 싸울 수 없었다. 이로 인해서 전쟁에서 비열한 역할을 수행한다는 평판이 생긴 것이다. 이는 그렇다 치고, 이들은 그 기술을 쓸 때에 크게 힘을 쓰지 않았다. 활을 쏠 때에 가슴까지 활시위를 당겼을 뿐이다. 따라서 자연스럽게도 화살은 표적에 도달할 때에 힘이 빠진 상태가 되어 효력이 없었다. 이전 시대의 궁술의 수준은 분명히 이와 같았다. 반면 오늘날의 궁수는 흉갑을 착용하고 무릎까지 올라오는 장화를 신었으며 오른쪽 허리춤에는 화살집을, 다른 쪽에는 검을 장착했다. 일부 기병들은 어깨에 창을 걸머멨으며 지름이 얼굴과 목을 가리기에 딱 적당한, 손잡이 없는 작은 방패를 들었다. 뛰어난 기마병이었던 이들은 말이 전속력으로 달릴 때에도 좌우 어느 쪽으로도 힘들이지 않고 활을 당겨서 전방의 퇴각하는 적은 물론 추격해 오는 후방의 적도 맞힐 수 있었다. 이들은 활시위를 얼굴까지, (대략) 오른쪽 귀 높이로 당겼다. 이로써 화살은 강한 추진력을 얻었고, 그 충격은 방패나 흉갑도 버틸 수 없을 정도로 늘 치명적이었다. 그러나 이러한 부대의 존재를 무시한 자들은 계속해서 침이 마르도록 옛것을 찬미하며 최신 발명품의 우월함을 인정하지 않는다. 이러한 종류의 잘못된 생각은 당연히 근자의 전쟁에서 그 최고의 흥미와 중요성을 빼앗을 수 없다.

프로코피오스는 자가당착의 광기 어린 주장을 하고 있다. 유일하게 필요해 보이는 논평은 철이 '도리스인'의 발견물이 아닌 것처럼 프로코피오스가 독자들에게 그리스와 로마의 군사 기술의 걸작으로 제시하는 카타프락토스 중기병(호메로스 시대에서 프로코피오스 시대에 이르는 긴 기간 동안 고대 그리스 세계에서 눈에 띄는 전사 중에서 가장 효과적인 유형이다)도 그리스나 로마의 군사적 재능이 만들어낸 독창적인 창조물이 아니었다는 것이다. 기마 궁수(완전무장을 했고 개인적인 용맹함 때문에 말 타기와 활쏘기에서 막강한 힘을 지녔다)는 그리스와 로마의 진정한 군사적 전통과는 완전히 이질적이었다. 그들의 전통에서 기병은 종속적인 역할을 부여받았고, 개별 병사의 장비나 전문 기술보다는 부대의 집단적 단결과 규율에 힘이 있는 보병이 신뢰를 받았다. 로마 군대에서 카타프락토스 중기병은 최근에 도입된 혁신이었다(프로코피오스 시대로부터 200여 년 전에야 채택된 병과였다). 이 병과가 그렇게 비교적 짧은 기간 안에 로마 군대의 주력이 되었다면, 그 군사 기술의 혁명은 로마 보병의 급속하고 개탄스러운 쇠퇴, 역사적으로 중요한 쇠퇴의 증거가 된다. 실제로 프로코피오스 시대의 로마 군대에서 카타프락토스 중기병이 채운 공백은 카타프락토스 중기병 때문에 생긴 것이었다. 이전에는 무적이었던 로마 보병이 처음으로 적수를 만났고, 마침내 적의 우세를 인정했기 때문이다. 로마 보병은 메소포타미아 평원에서 아르사크 왕조와 사산 왕조 군대의 카타프락토스와, 다뉴브 강 평원에서 사르마티아인과 고트족 전투단의 카타프락토스와 대면했다. 기원전 53년 카라이에서 크라수스에 닥친 재앙으로 시작하여 기원후 378년 아드리아노폴리스에서 발렌스 황제에게 닥친 재앙으로 끝난 로마 군단병과 카타프락토스 중기병 간의 오랜 힘겨루기로부터 군사적 교훈을 얻은 로마 당국은 결국 역사적인 로마 보병을 버리고(그 보병의 검과 참호를 파는 도구로 데아 로마는 제국을 건설했다) 그 대신에 외래 기술이지만 승리를 가져오는 동양의 카타프락토스를 채택했다.

그러므로 프로코피오스는 카타프락토스를 찬미하면서 실제로는 자신이 생각하고 의도한 것의 정반대를 행하고 있다. 그리스와 로마의 군사 기술 개선을 축하한 것이 아니라 그 조사(弔詞)를 낭독한 것이다. 그러나 프로코피오스가 스스로 강조하고 싶은 것을 제대로 설명하지 못했다고 해도, 고대 그리스 세계의 기술에 점전적인 개선이 있었다는 그의 전체적인 주장은 그가 논점을 제한한 군사 기술 분야 안에서는 대체로 옳다. 그리스와 로마 사회사의 이 분야를 고찰할 때에는 카타프락토스가 대표하는 겉만 번지르르한 에필로그는 배제하기로 하자. 대신 기원전 7세기 후반 제2차 메세니아 전쟁에서 이루어진 스파르타 팔랑크스의 발명으로 시작하여 기원후 378년 아드리아노폴리스 전투에서 로마 군대가 최종적으로 패배하고 치욕을 안으면서 끝나는 1,000년을 집중적으로 고찰하자. 진정한 그리스 군사 기술의 발전은 이 1,000년에 걸쳐서 중단 없이 추적할 수 있다. 그 발전을 추적하면 고대 그리스 세계의 전쟁 기술 향상에는 그 문명의 정체나 후퇴가 동반되었음이 발견될 것이다.

우선 앞에서 보았듯이, 기록에 남은 최초의 현저한 개선 사례인 스파르타 팔랑크스는 스파르타 판 그리스 문명의 성장을 조기에 중단시킨 사건들의 결과였다.

그 다음으로 주목할 만한 개선 사례는 그리스 보병이 마케도니아 팔랑크스 창병과 아테네 펠타스트의 두 극단적인 형태로 분화한 것이다. 한 손으로 찌르는 짧은 창 대신 두 손으로 휘두르는 긴 사리사 창으로 무장한 마케도니아 팔랑크스는 선배격인 스파르타 팔랑크스보다 더 막강한 힘을 지녔다. 그러나 마케도니아 팔랑크스는 기동이 더 어려웠고 일단 대형이 흐트러지면 적에게 더 무자비하게 당했다. 따라서 마케도니아 팔랑크스는 펠타스트로 양 측면을 지키지 못하면 안전하게 교전에 들어갈 수 없었다. 펠타스트는 병사들 중에서 선발하여 전위(前衛)에서 싸우도록 훈련받은 새로운 유형의 보병이었다. 마케도니아 팔랑크스 창병과 아테네 펠타스트가 협력하면 스파르타 모델의 분화되지 않은 옛 팔랑크스 보병들보다 훨씬 더 효율적인 유형의 보병대가 되었다. 고대 그리스 세계의 군사 기술에서 이루어진 이 두 번째 개선은 고대 그리스 문명의 붕괴와 해체를 목도한 그 세계의 100년에 걸친 공멸의 전쟁, 즉 기원전 431년 펠로폰네소스 전쟁의 발발에서부터 기원전 338년 카이로네이아에서 마케도니아가 승리할 때까지 이어진 전쟁이 가져온 결과였다.

고대 그리스 세계의 군사 기술에서 그 다음으로 두드러진 개선을 이룬 이들은 로마인으로, 이들은 펠타스트와 팔랑크스 창병의 결점은 버리고 장점만 취하여 이를 군단병의 전술과 장비에 결합시켰다. 로마 군단은 두 개의 투창과 찌르는 검 하나로 무장한 병사들이 물결의 흐름처럼 두 무리의 산개(散開) 대형으로 교전에 들어갔고, 세 번째 무리(구식 팔랑크스 형태로 무장하고 정렬했다)는 예비로 남겨두었다. 고대 그리스 세계 군사 기술의 이 세 번째 개선은 (기원전 218년 한니발 전쟁[제2차 포에니 전쟁]의 발발로 시작하여 기원전 168년 제3차 마케도니아 전쟁의 종결과 더불어 끝난) 공멸의 전쟁이 새롭게 터진 결과였다. 그 전쟁에서 로마는 그 시대 그리스 세계의 다른 모든 강국에 '통렬한 일격'을 가했다.

마지막 네 번째 개선은 군단의 완성이었다. 마리우스가 시작하고 카이사르가 완수한 이 과정은 100년에 걸친 로마의 혁명과 내전의 결과였다. 로마 군단병은 기원전 48년 파르살로스에서 카이사르를 위해서 싸웠을 때에 최고로 강했을 것이다. 기원전 53년 카라이에서 크라수스를 위해서 싸웠던 군단들이 파르티아의 카타프락토스 중기병과 대적한 지 5년이 지났을 때이다. 그러므로 카이사르와 크라수스 세대는 그리스와 로마의 군사 기술이 그 정점에 도달하고 이를 지나치는 것을 전부 목격했다. 바로 그 같은 세대가 고대 그리스 문명이 쇠퇴와 몰락의 어두운 단계에 접어드는 것을 목격했다. 기원전 133년 티베리우스 그라쿠스의 호민관직과 더불어 시작된 100년간의 로마 혁명과 내전이 고대 그리스 세계 '고난의 시절'의 절정이었기 때문이다. 카이사르의 과제는 '세계 국가'를 세움으로써 '고난의 시절'을 끝내는 것이었다. 이 '세계 국가'는 머지않아 악티움 해전 후에 아우구스투스에 의해서 확립되었다.

고대 그리스 세계가 전쟁 기술을 연속적으로 개선한 역사는 군사 기술 개선에는 문명의 성장이 아니라 그 정체와 붕괴, 해체가 동반된다는 점을 보여준다. 바빌로니아 문명과 중국 문명의 역사도 같은 현상의 사례를 보여준다. 바빌로니아 사회가 아시리아 군사주의의 광기 속에서 갈가리 찢긴 바빌로니아 '고난의 시절'과 진나라 군대가 중국 세계의 다른 경쟁 국가들에게 '통렬한 일격'을 가했던 중국의 '고난의 시절'에도 공히 군사 기술의 현저한 개선이 이루어졌다. 예를 들면 두 경우에서 똑같이 전차를 끄는 견인 동물로 군마를 쓰는 오래된 방식은 버려졌다. 대신 말은 기병의 탈 것으로 더욱 효율적인 쓰임새를 얻었다. 지금까지의 고찰을 통해서 군사 기술의 개선은 늘 그렇다고는 할 수 없을지 몰라도 대체로 문명 쇠퇴의 징후였다.

제1차 세계대전을 겪은 세대의 영국인이라면 이와 관련하여 당시에 고통스러울 정도로 상징적인 의미를 던져준 사건을 떠올릴 수 있을 것이다. 시간이 흐르면서 더욱 격렬해진 그 전쟁이 홍수가 나서 둑을 넘어 들판을 삼키고 마을을 휩쓸어버리는 큰 강처럼 교전국 국민의 목숨을 점점 더 많이 요구했을 때, 영국에서는 화이트홀 거리에 있는 교육위원회가 참호전을 집중적으로 연구하기 위해서 급조된 육군부 산하의 새로운 분과에 사무실을 빼앗겼다. 쫓겨난 교육위원회는 빅토리아 앨버트 박물관으로 피신했고, 그곳에서 마치 지나간 과거의 별난 유물인 듯이 겨우 살아남았다. 그렇게 1918년 11월 11일 정전이 이루어지기 전의 여러 해 동안, 서구 세계의 심장부에서, 평생 교육의 증진을 지원하기 위해서 세워진 공공건물 안에서 학살 교육이 촉진되고 있었다. 이 책의 저자는 바로 그해 1918년 봄 어느 날 화이트홀 거리를 걸으면서 「마태오의 복음서」의 한 구절을 거듭 읊었다.

> 그러므로 너희는 예언자 다니엘이 말한 대로 황폐의 상징인 흉측한 우상이 거룩한 곳에 선 것을 보게 될 것이다. (독자는 알아들어라.)……그때가 오면 무서운 재난을 겪을 터인데, 이런 재난은 세상 처음부터 지금까지 없었고,……하느님께서 그 고생의 기간을 줄여주시지 않는다면 살아남을 사람은 하나도 없다……
> ―「마태오의 복음서」 제24장 15, 21-22절

서구의 큰 나라가 전쟁 기술의 연구를 위해서 교육부를 포기했을 때에 그런 대가를 치르고 얻은 서구 군사 기술의 개선이 서구 문명의 파괴와 같은 것임을 어찌 모를 수 있겠는가.

제9장

검을 지닌
구원자의 실패

무너지는 사회의 구원자가 되려는 사람은 불가피하게 검을 지닌 구원자일 수밖에 없다. 검은 칼집에서 뽑힐 수도 있고 칼집에 들어갈 수도 있으며, 검을 쥔 자는 이에 상응하는 두 자세 중 하나를 취할 것이다. 델포이 신전이나 페르가몬 신전의 프리즈(frieze)에 묘사된 대로 거인들과 싸우는 신들처럼 손에 검을 들고 맹렬히 싸울 수도 있고, "모든 적을 발아래 굴복시킨" 승자처럼 검을 칼집에 집어넣은 채 당당히 앉아 있을 수도 있다. 첫 번째 자세가 수단이라면 두 번째 자세는 그 목적이다. 갑옷을 입은 채 죽을 때까지 일에서 벗어나 쉬지 못하는 다윗이나 헤라클레스가 온갖 영광을 안은 솔로몬이나 온갖 후광을 얻은 제우스보다 더 낭만적인 인물일 수 있다고 해도, 헤라클레스의 노고와 다윗의 전쟁의 목적이 제우스의 차분함이나 솔로몬의 번영이 아니라면 무의미한 수고일 것이다. 검은 그렇게 결국에는 검이 할 일을 없게 만드는 좋은 목적으로 사용할 수 있다는 희망에서만 쓰인다. 그러나 이 희망은 환상이다. 손으로는 풀 수 없는 고르디아스의 매듭을 검으로 자른다는 것은 동화에서나 있는 일이기 때문이다. "칼을 쓰는 사람은 칼로 망하는 법이다"가 현실 세계의 냉혹한 법칙이다. 확실한 승리에 대한 검객의 믿음은 환상이다. 다윗은 신전도 세울 수 없었으며, 솔로몬의 신전은 세워졌어도 결국 네부카드네자르 2세에 의해서 불태워졌을 뿐이다. 헤라클레스는 이승에서 결코 올림포스 산에 오를 수 없었으며, 제우스는 그 대단한 산의 정상에 왕좌를 세웠어도 결국에는 이미 그의 두 손으로 티탄들을 내던진 나락으로 자신도 내던져지는 화를 자초했다.

칼을 쥔 자가 할 수 있는 한 가장 빨리 무기를 칼집에 되돌려놓고 최대한 오랫동안 그 상태로 (사용하지도 않고 내보이지도 않은 채로) 유지하기를 진정으로 바랄 때에도, 어쨌거나 무너지는 사회가 검에 의해서 구원될 수 없는 이유는 무엇인가? 칼을 뽑고 다시 칼집에 넣는 이 이중의 행위는 보상을 받아야 할 자비의 표지가 아닌가? 방금 매우 성공적으로 사용했기 때문에 이제 치워놓을 수 있는 도구의 사용을, 첫 번째 기회가 왔을 때 기꺼이 거부할 전사는 승자임에 틀림없다. 또한 정치인, 대단한 현자에 가까운 정치인일 것이다. 그는 상식을 구하고 자제력이라는 더욱 고귀한 덕목을 조금이라도 구할 만한 큰 도량을 지녔음에 틀림없다. 전쟁을 정책 수단으로 받아들이기를 거부하는 것은 숭고함과 현명함은 물론 유익함도 약속하는 결의이다. 이러한 결의가 진정으로 이루어진다면 언제라도 큰 희망을 불러

일으킨다.

  일견 정당해 보이는 이러한 기대가 ('로마의 평화'가 기대만
큼의 영속성을 확보하지 못한 것에서 보듯이) 좌절될 운명에 처
한 이유는 무엇인가? '돌이킬 길'은 없는가?* 일찍이 금지를 실
행하고 그로부터 이익을 얻은 삼두정치의 그 사람은 진정 국부
(國父)로 미화될 수 없는가? 이 골치 아픈 질문에 대한 답변은
영국의 어느 시인이 호라티우스의 송시와 같은 시를 써서 제시
했다. 그 시는 서구의 또다른 카이사르가 마침내 자신의 군사
임무를 완수한 것처럼 보이는 승리의 전쟁에서 귀환한 이야기
를 다룬다. 특정한 승리를 축하하는 찬가처럼 보이려는 이 시는
마지막 두 연에서 모든 군사주의에 조종(弔鐘)을 울린다.

  그러나 그대, 전쟁과 운명의 아들,

  지치지 않고 행진하는구나.

  그리고 최후의 결과를 위해

  여전히 검을 세우고 있구나.

  어둑한 밤의 영혼들을

  내쫓을 힘 말고도

• 「히브리인들에게 보낸 편지」 제12장 17절.

권력을 획득한 바로 그 기술을

그것은 유지해야 한다.[1]

　서구 문명의 근대사에서 가장 일찍 검을 지닌 구원자가 되려던 자의 생애를 고전적인 어법으로 평결한 이 시는 뒷맛이 쓰다. "총검으로 할 수 없는 한 가지는 그 위에 앉는 것이다"라는 19세기 경구의 한층 더 날카로운 가시를 지니고 있다. 생명을 파괴하는 데에 쓰인 적이 있는 도구가 그후 사용자의 형편에 따라서 생명을 보존하는 데에 쓰일 수는 없다. 무기의 기능은 생명을 죽이는 것이다. 망설임 없이 "학살을 통해 힘들여 왕좌에 오른" 통치자는, 그후 권력을 가져다준 냉혹한 기술에 다시 의지하지 않고 그 권력을 유지하려고 한다면, 조만간 자신의 손아귀에서 권력이 빠져나가는 것을 두고 보거나 한번 더 유혈극을 벌여서 권력을 재차 장악하거나 둘 중의 하나를 선택해야 하는 상황에 직면할 것임을 알게 될 것이다. 폭력의 인간은 자신이 저지른 폭력을 진정으로 뉘우칠 수 없고 그로부터 영원히 이득을 얻을 수도 없다. 업보는 그렇게 쉽게 피할 수 없다. 검을 지닌 구원자는 사상누각을 지을 수는 있겠지만 결코 바위 위에 집을 지을 수는 없다. 언제까지나 사람을 죽인 다윗과 죄 없는 솔

---

1. Andrew Marvell, *An Horatian Ode upon Cromwell's Return from Ireland*.

로몬 사이의 역할 분담이라는 편법으로 건물을 세울 수는 없다. 왜냐하면 솔로몬이 집을 짓는 데에 쓴 돌은 다윗이 살인하는 데에 쓰인 것이기 때문이다. 아버지(다윗)에게 선언된 거부("하느님께서는 당신의 이름으로 불릴 성전 짓는 것을 나에게 허락하지 않으셨다. 까닭인즉 나는 무사로서 너무 많은 피를 흘렸다는 것이다."*)는 아버지를 대신하여 아들(솔로몬)이 지은 건물에 파멸을 가져왔다.

검으로 구원을 얻고자 하는 모든 시도는 이처럼 궁극적으로 실패했다. 그러한 실패는 시와 신화와 전설에서만 드러나는 것이 아니다. 역사에서도 증명된다. 검에 의지했던 "조상이 거스르는 죄"가 "아들 손자들을 거쳐 삼사 대까지" 해를 입히기 때문이다.** 크롬웰이 아일랜드를 점령하고 그 가톨릭 국가를 억압하고자 그곳에 심어놓은 잉글랜드의 프로테스탄트 군인 식민자들의 후손은 오늘날 저주받은 유산을 안겨준 바로 그 폭력과 불의의 무기에 의해서 조상들이 부정하게 획득한 땅에서 쫓겨났다. 1840-1842년 '아편 전쟁'이라는 부당한 행위로 세워진 조약항이자 조계인 상하이의 영국인 사업가 사회의 부는, 1937년에 이르자 과거에 영국이 일시적으로 군사적 폭력을 상업적 이

---

* 「역대기 상」 제28장 3절.
** 「출애굽기」 제34장 7절.

익으로 바꾸는 데에 성공한 사례를 보고 군사주의를 배운 일본인들과 중국인들에 의해서 파괴되고 있었다. 이 두 사례의 역사의 심판은 예외가 아니다. 검을 지닌 구원자의 고전적인 유형은 무너지는 문명이 '고난의 시절'을 지나서 쓰라린 종말을 맞이하기까지 거쳐간 지휘관들과 군주들이었다. 그들은 '세계 국가'를 세우려고 애쓰고 세우는 데에 성공했거나 보존하는 데에 성공하고 보존하려고 애쓴 자들이었다. '고난의 시절'로부터 '세계 국가'로 가는 과정에는 무너지는 사회의 고통받는 자식들에게 매우 큰 위안이 동반되는 경향이 있고, 그 위안은 매우 즉각적이어서 그들은 때때로 '세계 국가'를 성공리에 창설한 자를 신으로 숭배하여 그에게 감사를 표하기도 하지만, 좀더 자세히 고찰하면 그러한 '세계 국가들'은 단명했음이 드러날 것이다. 또한 그 '세계 국가들'이 절묘한 솜씨를 부려서 보통의 생존 기간 이상으로 끈질기게 살아남았다면, 그 세계 국가들은 자체의 설립에 앞서는 '고난의 시절'이나 보통의 수명을 살고 붕괴된 후에 이어진 공백기만큼이나 해로운 사회적 무법 상태로 퇴락함으로써 그 부자연스러운 장수의 대가를 치러야 한다.

'세계 국가'의 역사와 칼을 지닌 구원자가 되려는 이들의 생애를 이렇게 연관 지어보면 구원의 수단으로서 폭력이 얼마나 무효한지 드러난다. 뿐만 아니라 그러한 연결은 이런 종류의 자칭 구원자들을 가려내서 차례대로 점검할 수 있는 순서로 배열

하기에 편리한 실마리를 제공함으로써 증거를 경험적으로 고찰할 수 있게 한다.

먼저 점검할 것은 '고난의 시절'의 넘치는 전쟁들을 (다나오스의 딸들의 체*처럼 무익한 칼날로 난도질한 검을 지닌, 자칭 구원자들의 비참한 부대일 것이다.

우리는 고대 그리스 세계의 '고난의 시절'(대략 기원전 431-31년)의 첫 세대에서, 칼키디키의 그리스 폴리스들을 아테네의 속박으로부터 해방시키는 데에 삶을 바친 브라시다스라는 라케다이몬의 용맹한 인간을 볼 수 있다. 그렇지만 그의 노력은 반백 년이 채 되지 못해 다른 라케다이몬 사람들에 의해서 무위로 돌아가며, 이들은 마케도니아의 필리포스 2세가 스파르타를 제외한 헬라스의 모든 폴리스들의 목에 더 무거운 멍에를 씌울 수 있도록 길을 열어주게 된다. 브라시다스를 바로 뒤이어 그와 동시대 사람이요 동포인 리산드로스라는 사악한 인물이 활보했

• 그리스 신화 속의 리디아 왕 다나오스는 쉰 명의 딸이 있었는데, 이 딸들은 다나오스의 쌍둥이 형제 아이기프토스의 쉰 명의 아들과 결혼하기로 되어 있었다. 이를 원하지 않은 다나오스는 딸들을 데리고 그리스의 아르고스로 도주했다. 다나오스는 아이기프토스가 아들들을 데리고 아르고스로 와서 현지 주민을 지켜주면 결혼을 허락하겠다고 했고, 딸들에게 결혼 첫날밤에 남편들을 죽이라고 명령했다. 모두 명령을 따랐는데 히페름네스트라는 남편 린케우스를 살려주었다. 린케우스가 다나오스를 죽여서 복수한 뒤에 부부는 아르고스의 다나오스 왕조를 창시했다. 마흔아홉 명의 딸은 구멍 뚫린 체로 영원히 물을 나르는 벌을 받았다.

다. 그는 에게 해의 아시아 해안을 따라 늘어선 그리스 폴리스들을 성공리에 해방했고 아테네의 '제해권(制海權)'에 최후의 일격을 가했지만, 그 결과는 이전에 아테네에 종속되었던 폴리스들에 아티카의 채찍 대신 라케다이몬이라는 전갈의 응징을 가져다주고 자국을 33년 만에 아이고스포타미에서 레욱트라로 이어질 길로 이끈 것이었다. 이후 이어진 각각의 세대마다 어떤 인물이 우리의 점검 명부에 들어온다. 테베의 에파미논다스는 아르카디아와 메세니아를 해방했고 리산드로스가 아테네를 벌했듯이 스파르타를 벌했지만, 포키스를 자극하여 테베에 동일한 처벌을 가하도록 만들었을 뿐이다. 마케도니아의 필리포스 2세는 포키스가 헬라스에 가한 응징을 제거하고 그 응징의 주된 피해자였던 테베와 테살리아 사람들로부터 '친구이자 은인, 구원자'로 환영을 받았지만, 한때 "온 세상이 그의 것"이라고 생각할 만큼 순진했던 이 두 폴리스의 자유를 없애버렸을 따름이다. 알렉산드로스는 아케메네스 왕조 페르시아 제국 전체를 공동의 노획물로 정복하는 원정으로 헬레네스를 이끌어 마케도니아의 패권을 받아들이게 하려고 했지만, 결국 그의 아버지가 마케도니아인들에게서 얻어준 패권을 잃었으며, 아케메네스 왕조의 제국이 200년 동안 축적한 보물을 후계자들 사이의 전쟁 자금에 쏟아부음으로써 고대 그리스 세계의 내전을 촉발했을 뿐이다.

당대에 이와 나란히 존재했던, 검을 지닌 실패한 구원자들의 행렬을 아드리아 해 서쪽에 있던 고대 그리스 세계의 다른 절반에서도 볼 수 있다. 이 독재자들에게 같은 과제를 다시 붙들고 씨름할 후계자가 필요했다는 사실에서 그들 각각의 실패가 분명하게 드러난다는 점을 인식하기 위해서는 그들의 이름을 거명하는 것으로 충분하다. 시라쿠사의 디오니시우스 1세와 디오니시우스 2세, 아가토클레스, 히에론 1세, 히에로니무스. 아프리카로부터 밀고 들어오는 시리아 세계의 경쟁자들과 이탈리아에서 밀고 들어오는 야만족 침입자들의 이중의 압박을 격퇴하기에 충분할 정도로 강력한 신성동맹을 확고히 세워서 서부 지중해에서 헬레니즘을 구하는 문제는 시칠리아의 비옥한 그리스 문화의 배양장이 카르타고와 로마 간의 세계적 패권 투쟁의 장으로 바뀌어 황폐해지기 전까지 미결 상태로 남았다.

그리스 정교회 세계에서 바로 그 동일한 자칭 구원자들의 무리는 인정은 더 많으나 효율은 떨어지는 인물들이 대표한다. 그리스 정교회의 본고장에서 알렉시오스 1세 콤네노스(재위 1081-1118년)는 쇠약해진 동로마 제국을, 사자와 곰으로부터 새끼 양을 구한 용맹한 다윗처럼, 노르만과 셀주크 튀르크의 손아귀에서 구출해냈다. 100년 뒤에 테오도로스 1세 라스카리스는 1204년의 전례 없이 당황스러운 대재난 이후에도 국가를 단념하지 않았고 니케아 제국의 성벽 뒤에서 성스러운 도시 콘스탄티노폴리스를 점령한 프랑크족 정복자들을 저지했다.[*] 그러나 이 비잔티움 제국 사람의 영웅적인 행위는 전부 무위로 돌아갔다. 동로마 제국의 비극적인 역사에서 제4차 십자군에 합류하여 먹이를 찾아 헤맨 프랑스의 골리앗은 끝내 노르만의 곰과 셀주크 튀르크의 사자와 같은 운명에 처하지 않았기 때문이다. 미카엘 8세 팔라이올로고스는 마침내 콘스탄티노폴리스를 되찾았다. 이 탈환은 당시에 테오도로스 1세 라스카리스에게 사후의 성공을 안겨준 것처럼 보였지만, "오스만 튀르크에 흑해 해협의 아시아 쪽에서 유럽 쪽으로 넘어가는 길"을 보여줌으로써 결국 동로마 제국의 파멸을 봉인했음을 입증했을 뿐이다. 그리스 정교회 사회에서 파생된 가지인 러시아의 역사에서는 알렉산드르 네프스키(재위 1252-1263년)와 드미트리 돈스코이(재위 1362-1389년)에게서 알렉시오스 1세 콤네노스와 테오도로스 1세 라스카리스에 상응하는 자를 발견할 수 있다. 이들은 각각의 '고난의 시절'(대략 1078년부터 1478년까지) 동안 북서쪽의 리투아니아 이교도와 튜턴족 십자군 그리고 남동쪽 몽골 유목민의 동시 공격으로부터 러시아 세계를 구원하고자 칼을 잡았다. 정교회 기독교 세계의 이 러시아인 영웅들은 자기 세대에 그리스인 영

• 테오도로스 라스카리스는 제4차 십자군이 콘스탄티노플 안으로 진입할 때까지 성에 머물다가 탈출했다.

웅들보다 더 행복했다. 왜냐하면 그들이 심한 어려움을 무릅쓰고 그토록 용감하게 지킨 성채가 역사의 그 다음 장에서 이방인의 수중에 떨어지지 않았기 때문이다. 그러나 알렉산드르 네프스키와 드미트리 돈스코이는 '고난의 시절'을 끝내는 개인적인 임무의 수행에서 알렉시오스 콤네노스나 테오도로스 라스카리스보다 더 성공적이지는 않았다.

'고난의 시절'에 운이 다한 이 검을 지닌 구원자들은 확실히 제우스의 특성은 가지지 못한 헤라클레스의 성격을 띠었지만, 이들에 뒤이은 다음 무리는 헤라클레스 유형과 제우스 유형이 뒤섞인 형태를 보인다. 이 유형은 헤라클레스의 수고를 할 필요가 아주 없지는 않지만, 제우스의 보상을 획득할 희망도 없이 수고하는 것은 아니다. 이 제우스 같은 헤라클레스들 또는 헤라클레스 같은 제우스들은 성공리에 '세계 국가'를 건설한 자들의 선배이다. 이들은 여호수아에게 모세의 역할을, 세속적 메시아에게 엘리아의 역할을, 그리스도에게 세례 요한의 역할을 한다 (세속 사회의 구원자가 되려는 자를 이승에 속하지 않는 왕국의 선구자와 적절하게 비교할 수 있다면 말이다). 이 선배들 중에서 일부는 요단강을 건너지 못하고 죽거나 약속의 땅을 멀리서 희미하게 보기만 하고 죽는다. 반면 강을 건너 일시적으로 반대편 강둑에 자기 왕국의 깃발을 꽂는 데에 성공한 자들도 있다. 그러나 주저하는 운명의 손아귀에서 때 이르게 성공을 쥐어짜

내고자 한 이 담대한 영혼들은 그 무모한 행위의 대가로 처벌을, 자신의 운명을 알아보고 이에 굴복한 동료들은 피한 처벌을 받는다. 이들이 시기상조로 서둘러 세운 '세계 국가'는 마치 사상누각처럼 세워질 때만큼이나 빠르게 무너졌기 때문이다. 날림으로 집을 지은 자들의 헛된 수고는 무너진 건물을 골판지 대신 화강암으로 개축하여 재앙에서 회복한 후계자들의 견고한 작업을 돋보이게 할 방편으로만 역사 속에 기록될 것이다.

황야에서 죽은 모세의 역할을 고대 그리스의 역사에서 찾자면 마리우스가 적합할 것이다. 마리우스는 비록 평등주의적 독재를 확립하고자 하면서 주저하고 서투른 행태를 보여 질서의 지배를 확립하는 데에 실패했고 기존의 무정부 상태를 심히 악화시켰지만, 그의 다음 세대인 율리우스 카이사르에게 갈 길을 보여주었기 때문이다. 정교회 세계의 본고장에서 오스만 튀르크 술탄 바예지드 을드름은 콘스탄티노폴리스를 점령하고 카라만 왕조를 격파한 정복자 메흐메트(메흐메트 2세)의 이중의 업적을 먼저 보여줄 뻔했다. 그는 한층 더 강력한 군대로 저항할 수 없는 기습을 전개하여 '번개'를 내려쳤다.*

약속의 땅을 보았으나 결코 그곳에 발을 들이지는 못한 이

---

* 바예지드 1세는 카라만의 에미르와 싸울 때 을드름이라는 별명을 얻었는데, 그 뜻이 번개이다.

선도자에 뒤이어 무정부 상태라는 괴물을 일시적으로 굴복시키는 두 번째 무리의 전위대가 왔다. 그러나 이들은 그 괴물이 다시 머리를 들거나 이빨을 드러내는 것을 막을 정도로 결정적이지는 않았다.

고대 그리스 세계에서는 폼페이우스와 카이사르 같은 자들이 로마의 무정부 상태를 로마의 평화로 개혁하는 과업을 나누어 가졌지만 결과적으로 서로를 향해서 무기를 겨눔으로써 그 공동의 성과를 무로 돌리는 죄까지 나누었을 뿐이다. 서로 맞선 이 군사 지도자들은 세상을 구하는 공동의 사명을 받았으나 또 다른 로마 내전으로 그 세상을 희생시켰다. 승자는 개선했지만 결국 "축복을 받으려고 애원했을 때"의 에서처럼 "거절당했고" "눈물을 흘리면서" 구했으나 "돌이킬 길"을 찾지 못했다. 카이사르는 명백히 절대적인 권력자의 위치에 있었을 때에 그의 이름난 관대함으로 폼페이우스와 카토의 죽음에 보상하지 않았다. 그럼에도 검을 멈추어 학살을 중단했던 이 살인자는 자신이 목숨을 살려준 패배한 적의 단검에 죽어야 했다. 그리고 카이사르는 그렇게 비극적인 죽음을 맞이하면서, 진심으로 구원하고 싶었던 비참한 세상에 뜻하지 않은 유산으로 다른 한 차례의 내전을 물려주었다. 카이사르와 폼페이우스가 그토록 가볍게 내버린 과업을 마침내 카이사르의 양자가 훌륭하게 제대로 실행하기까지 검은 한번 더 생명과 행복을 희생시켜야 했다. 아우구스투스는 마지막 적을 무너뜨린 뒤, 악티움 전투 직후 자신의 손에 남겨진 크게 팽창한 군대를 해산하는 데에 성공했다.

시리아 세계의 역사에서 디부스 율리우스•와 동등한 지위의 인물은 아시리아의 광기에 갈가리 찢긴 세계에 아케메네스 왕조의 평화(Pax Achaemenia)를 가져다주려고 했던 키루스 대왕이다. 키루스 대왕은 아폴론이 하늘에서 전한 신호에 유념했고 크로이소스에게 해악을 끼치려고 했던 것을 후회했지만 허사였다. 키루스 대왕은 패배한 크로이소스를 산 채로 불태우는 대신 신임하는 조언자로 삼았다. 그러나 결과적으로 그는 (헤로도토스가 전하는 바에 따르면) 몇 년 뒤에 크로이소스가 선의로 제공한 나쁜 조언을 따르다가 목숨을 잃는다. 키루스 대왕의 생애에 관한 마지막 설명은 유목민의 여왕이 전한다. 토미리스 여왕은 피에 굶주린 이 페르시아 군사 지도자의 욕구를 충족시키겠다고 약속했고, 곧 죽임을 당한 자의 피를 포도주 담는 부대에 채우고 그 안에 시신이 된 키루스 대왕의 입술을 적심으로써 위협을 실천에 옮겼다.•• 자신이 휘두른 무기에 죽임을 당한 자가

• 디부스는 신이라는 뜻으로, 원로원이 죽은 황제를 신격화하여 부여한 별칭이다. 카이사르가 사망한 뒤에 대중이 그를 신으로 추앙하자 원로원이 마지못해 카이사르를 로마 국가의 신으로 인정했다.
•• 토미리스는 카스피 해 동쪽 스키티아 유목민들의 연합체인 마사게타이의 왕으로 키루스 대왕을 격파하고 살해했다고 전해진다. 헤로도토스에 따르면 토미리스는 키루스 대왕의 목을 잘라서 사람의 피로 채운 포도주 부대

키루스 대왕만은 아니었다. 이 아케메네스 왕조의 창시자의 죽음이 그 위압적인 국가의 몰락으로 완성되었기 때문이다. 캄비세스 2세는 가이우스와 네로가 옥타비아누스의 '로마의 평화'를 파괴한 것처럼, 키루스의 '아케메네스 왕조의 평화'를 파괴했다. 다리우스는 베스파시아누스가 아우구스투스의 위업을 구했듯이 키루스 대왕의 무너진 위업을 구해야 했다.

같은 시리아 세계에서 1,000년이 더 지난 뒤에 아랍의 군사 지도자 우마르가 페르시아 군사 지도자 키루스 대왕의 번개처럼 신속한 정복을 모방함으로써 그리스 세계의 침입이 중단된 이후의 긴 막간을 뒤늦게 끝냈을 때, 예루살렘을 차지한 이 사람은 사르디스의 점령자*와 동일한 관대함을 보여주었으나, 결국 칼을 지닌 구원자가 되려는 이에게 "돌이킬 길"은 없다는 점을 다시 한번 증명했을 뿐이다. 이번에도 칼로 세운 국가는 그 건설자의 칼을 쥔 손이 힘을 잃자마자 무너졌다. 우마르가 죽은 뒤에 그의 위업은, 키루스 대왕의 위업처럼, 먼저 치욕스럽게 파괴되고 이어서 화려하게 구원을 받았다. 다만 칼리파 국가의 역사에서 캄비세스 2세와 다리우스의 역할은 둘 다 다재다능한 아랍 정치인이 번갈아가며 수행했다. 무아위야는 냉혹하게도

에 집어넣었다고 한다.
• 키루스 대왕을 말한다. 그는 사르디스를 점령함으로써 크로이소스를 무찌르고 메디아 왕국을 차지했다.

로마와 페르시아 간의 결론 없는 싸움의 마지막 회전으로 완전히 피폐해진 세계를 아랍의 내전으로 더욱 괴롭게 만들었다. 그 목적은 기민한 우마이야 왕조가 예언자 무함마드의 사촌이자 사위인 무능한 자*로부터 그의 정치적 유산을 훔칠 수 있게 하는 것이었다.

그러나 세 번째 무리의 전위대가 있다. 이 무리를 이루는 자들은 수고의 열매를 얻었으나 맛을 보지도 못한, 그렇지만 중단이나 물러섬 없이 후계자들에게 그 열매를 넘겨준 헤라클레스들이다. 바빌로니아 세계의 나보폴라사르(재위 기원전 626-605년)는 아시리아의 몰락을 꾀하는 데에 평생을 바쳤다. 니네베가 파멸할 때까지는 안전할 수 없었던 신바빌로니아 제국의 왕좌에 네부카드네자르 2세(재위 기원전 605-562년)를 아무런 도전도 받지 않고 앉히기 위함이었다.

'세계 국가'를 건설한 자들의 생애를 한참 지난 후의 결말에 비추어볼 수 있는 후대 역사가의 눈에는 그들의 제우스적 특성이 선조들의 헤라클레스적 특성과 두드러지게 다른 것으로 보이지는 않는다. 그러나 상황을 올바르게 볼 수 없는 당대 관찰자의 눈에는 여기에 성공과 실패 사이의 모든 차이점이 있는 것처럼 보였을 것이다. '세계 국가'의 건설자들은 당시에는, 선조

● 제4대 칼리프 알리.

들이 열심히 노력했으나 얻지 못한 성공을 당당하게 거둔 것으로 보인다. 이 성공의 진실성은 단순히 건설자들의 생애와 업적의 효과뿐만 아니라(그 사실들이 아무리 큰 감동을 주더라도) 더 결정적이게는 그 건설자들을 뒤이은 후계자들의 번영에 의해서도 보증되는 듯하다. 솔로몬의 영광은 다윗의 용맹을 드러내는 가장 확실한 증거이다. 따라서 이제 아버지 덕분에 왕가에서 태어난 솔로몬들을 차례대로 검토함으로써 검을 지닌 구원자들에 대한 고찰을 계속해보자. 아버지 덕분에 왕가에서 태어난 이들의 검은 황제의 의복 속에 그럴듯하게 싸여 있으며, 그들이 검의 숨겨진 날을 드러내서 태도를 분명히 한다고 해도 우리는 언제나 그 드러냄이 필요에 따른 것이 아니라 변덕스러움에서 비롯되었음을 알 것이다. 검에 의한 구원이 "자손들에 의해서 정당성이 입증될" 수 있다면, 그것은 결코 문명 해체의 전(全) 역사가 아니라 이 솔로몬의 세대에서 입증되어야 한다. 그러므로 우리의 솔로몬들을 세밀하게 조사해보자.

솔로몬들의 치세는 부분적으로는 평화와 번영이 지속된 비교적 행복한 시기이다. 그 시기는 그들이 등장한 '세계 국가'의 존속 기간에만 시선을 제한하면 '황금기'로 보일 테지만, '세계 국가'의 흥망이 역사적으로 장구한 해체 과정의 수많은 사건들 중의 하나인 문명의 존속 기간 전체로 시야를 확장하면 실제로는 '인디언 서머'로 보일 수 있다. 이 '인디언 서머'를 경험적으로 고찰하면 이 역사적 현상의 두 가지 현저한 특징이 드러날 것이다. 우리는 그 여러 '인디언 서머'가 놀랍도록 한결같은 성격을 보여주면서, 똑같이 놀랍게, 지속 기간에 차이가 있다는 것을 알게 될 것이다.

고대 그리스 세계의 '인디언 서머'는 96년 네르바 황제°의 즉위로 시작하여 180년 마르쿠스 아우렐리우스 황제의 사망으로 끝났다. 이 84년간의 시기는 '로마의 평화'의 전체 지속 기간의 4분의 1이나 된다. '로마의 평화'는 공적 사건들에 의해서 표시되는 통상적인 연대기에 따르면, 악티움 전투 직후인 기원전 31년에 시작하여 아드리아노폴리스 전투가 벌어진 기원후 378년에 끝난 것으로 추정할 수 있다. 이집트 사회의 역사에서 '신왕국'의 '인디언 서머'는 기원전 1545년경 투트모세 1세의 즉위에서부터 기원전 1376년 아멘호테프 3세의 사망에 이르기까지 더 길게 이어졌다. 그러나 이 두 지속 기간은 이집트 최초의 '세계국가'인 '중왕국'의 '인디언 서머'보다 짧다. 이집트의 이 첫 번째 '인디언 서머'는 첫 번째 왕부터 마지막 왕까지 기원전 2000년경부터 기원전 1788년까지 세력을 떨친 제12왕조와 거의 존속 기간이 같다. 그리고 기원전 1801년 아메넴헤트 3세가 사망했을 때부터 겨울이 시작되었다고 본다고 해도, 햇빛이 비친 기

• 재위 96-98년.

간은 기원전 2070년경에서 기원전 2060년경 멘투호테프 4세의 즉위와 더불어 시작하여 기원전 1660년경 힉소스인들의 출현으로 끝나는 도합 약 400년간의 '테베의 평화' 전체 지속 기간의 절반에 해당한다.

여러 치세에 걸쳐서 지속되었고 적어도 한 번은 거의 한 왕조 전체의 존속 기간 동안 이어진 이들 '인디언 서머'는 다른 '인디언 서머'와 길이에서 차이를 보인다. 분명코 동일한 사회적 현상의 사례이지만 그 현상과 동일시될 단일 군주의 치세보다 더 오래 지속되지는 않은 다른 '인디언 서머'들이 있는 것이다. 아랍 칼리파 국가의 역사에서 하룬 알 라시드(재위 786-809년) 치세의 유명한 '인디언 서머'는 그 빛이 뚫고 들어간 어둠의 깊이 때문에 더욱 밝게 빛난다. 길게 이어진 우마이야 왕조의 선대 칼리파들의 노고가 쌓인 결과로 이득을 보았던 이 아바스 왕조 칼리파의 광채는, 한편으로는 그의 아바스 왕조 선대 칼리파들이 우마이야 왕조로부터 칼리파 지위를 빼앗았을 때에 발생한 앞선 무정부 상태 때문에, 다른 한편으로는 이후 그의 후계자들이 튀르크인 호위대에 굴욕적으로 속박되어 파멸했기 때문에 더욱 돋보인다.

그리스 정교회의 본고장에서는 '오스만 제국의 평화'가 다윗에 비할 수 있는, 자신과 같은 이름을 지닌 자의 전설적인 영광을 '실제의 삶'에서 모방한 군주인 술레이만 대제(술레이만 1세,

재위 1520-1566년)의 치세에 '인디언 서머'를 만들어냈다. 술레이만 대제와 같은 시대에 살았던 서구인들은 마치 시바 여왕처럼 이 근래의 솔로몬이 차지한 광대한 영토와 풍요로운 부, 웅장한 건물들에 감명을 받았다. 그들은 "넋을 잃었다." 그러나 술레이만 대제도 성서의 솔로몬이 생전에 자초한 재앙을 피하지 못했다. "마침내 야훼께서 솔로몬에게 말씀하셨다. '너의 마음이 이러하고, 내가 너와 계약을 맺으면서 일러둔 법들을 지키지 않았으니 내가 반드시 이 나라를 너에게서 쪼개어 너희 신하에게 주리라.'"• 술레이만 대제는 파디샤••의 노예 친위대는 이교도 태생인 자들로 충원되어야 하며 무슬림 자유인은 종교적 직권에 따라서 그 자리에 선발될 수 없다는 기본적인 규정을 처음으로 깨뜨림으로써 오스만 제국 사회 제도의 토대를 흔든 파디샤였다. 술레이만 대제는 예니체리의 아들이 아젬오글란•••이 될 수 있도록 허용함으로써 예니체리 부대의 재앙 같은 희석을 초래했다. 술레이만 대제가 자초한 이 재난은 곧 파디샤로부터 왕국을 빼앗아 그의 '인간 가축'인 라야••••에게 넘겨주었다.

• 「열왕기 상」 제11장 11절.
•• 오스만 제국 술탄이나 페르시아의 샤 등에 붙은 호칭.
••• 예니체리 후보생.
•••• 세금을 납부하는 하층민을 가리키는데, 무슬림뿐만 아니라 기독교도와 유대인도 포함된다.

이제 그리스 정교회 세계의 본고장에서 그 분파인 러시아로 눈을 돌려보자. 우리는 우선 술레이만 대제와 동시대인인 이반 4세(재위 1553-1584년)에게서 그에 대응하는 인물을 보기를 주저할지도 모른다. 공포 정치와 '인디언 서머'는 양립할 수 있는가? 그 두 분위기가 서로 너무나 상반되어 보이기 때문에 같은 장소와 시간에서 공존할 수 있는지 묻는 것이다. 그렇지만 이반 4세의 업적을 보면 그의 치세가 일종의 '인디언 서머'였음을 인정하지 않을 수 없다. 그 치세에 모스크바 대공은 동로마 제국 황제의 생활방식과 호칭을 취했고 카잔한국과 아스트라한 한국을 정복하고 백해와 시베리아를 개척하여 그러한 대담한 행위가 정당함을 증명했다. 비록 하늘에서는 번개가 쳤지만, 이는 확실히 '인디언 서머'였다. 이반 4세의 치세에 대한 이러한 해석이 옳다는 것은 이후의 결말이 확증한다. 이반 4세가 사망하기 전에, 그의 치세의 불길한 햇빛에는 발트 해 연안 지방을 획득하기 위한 전쟁의 결과 때문에 그림자가 드리웠다. 그 전쟁은 뒤이어 표트르 대제*가 같은 목적으로 수행한 전쟁보다 훨씬 더 오래 끌었지만 표트르 대제의 빛나는 성공과는 정반대의 비참한 실패로 끝났다. 이반 4세가 죽었을 때, 그가 남긴 국가에 연이어 심한 재난이 닥쳤다. 1598년에는 류리크 왕조가 소멸했

● 재위 1682-1725년.

으며, 1604년에서 1613년 사이에 러시아 정교회 '세계 국가'가 일시적으로 몰락하여 표트르 대제의 치세 때까지 완전히 회복하지 못했다.

단일 군주의 치세보다 더 오래 지속된 '인디언 서머'의 목록을 돌아보면, 이 여러 '인디언 서머'도 어떤 지구력을 지녔든 간에 결국에는 겨울의 습격에 굴복했음을 알 수 있다. 고대 그리스 세계에서 마르쿠스 아우렐리우스 뒤에는 콤모두스가 나타났고 세베루스 알렉산데르 뒤에는 30인의 폭군이 나타났다. '신왕국' 시대의 이집트 세계에서 아멘호테프 3세를 뒤이은 아멘호테프 4세는 이크나톤이라는 스스로 고른 호칭으로 악명을 떨친 반면, '중왕국' 시대에는 오랫동안 번갈아 왕위를 이은 여러 명의 아메넴헤트와 세누스레트*가 결국 다른 왕조에 자리를 내주었는데, 이 왕조는 25년이라는 짧은 기간 동안 최소한 13명의 단명한 왕들이 연이어 왕위를 장악했다가 상실했다.

그러므로 여러 '인디언 서머'를 고찰한 결과는 솔로몬들의 생애가 구원의 도구로 전환될 수 있다는 검의 주장을 결정적으로 입증하기는커녕 결정적으로 논박한다는 결론으로 이어지는 것 같다. 하나의 '인디언 서머'가 한 왕조의 존속 기간 내내 이어지든 한 군주의 치세라는 더 짧은 기간 안에 왔다가 가든, 그것이

---

* 아메넴헤트는 1세부터 6세까지, 세누스레트는 1세부터 4세까지 있었다.

어쨌거나 본질적으로 일시적이라는 점이 확인되기 때문이다. 솔로몬의 영광은 시들어가는 영광이다. 그리고 솔로몬이 실패라면, 다윗과 그의 선배들은 헛되이 검을 휘두른 것이다. 진실은 이러할 것이다. 한번 피를 맛본 검은 결코 그 일을 그만둘 수 없다. 호랑이가 일단 인간의 살을 맛보면 이후로는 어쩔 수 없이 식인 호랑이가 되는 것과 마찬가지이다. 식인 호랑이는 분명코 죽어야 할 운명에 처한다. 총탄을 피한다면 옴에 옮아서 죽을 것이다. 그러나 식인 호랑이는 자신의 운명을 예견할 수 있다고 해도 처음으로 인육을 먹은 뒤에 위 속에 남겨진 왕성한 식욕을 억누를 수는 없을 것이다. 일찍이 검으로 구원을 추구한 적이 있는 사회도 마찬가지이다. 그 지도자들은 학살을 참회할지도 모른다. 카이사르처럼 적에게 자비를 베풀 수도 있고 아우구스투스처럼 군대를 해산할 수도 있다. 뉘우치며 칼을 치워버리면서, 더디게 확립된 자신들의 '세계 국가'의 국경 안에 여전히 활보하고 있는 범죄자들이나 국경 밖의 어둠 속에서 여전히 버티고 있는 야만인들을 단속하여 평화를 유지하는 분명코 유익한, 따라서 정당한 목적을 위해서가 아니라면 결코 다시는 칼을 뽑지 않겠다고 성심으로 결심할 수도 있을 것이다. 그들은 맹세로 이러한 결의를 확인하고 퇴마 의식을 해서 이를 더욱 굳힐지도 모른다. 한동안 이들은 '살인'이라는 놈을 억제하고 구속하며 '생명'의 전차에 결박하는 훌륭한 위업을 성공리에 달성한 것처럼 보일 수도 있다. 그러나 이렇게 멋져 보이는 '세계 평화'가 30년이나 100년, 또는 200년간 묻힌 칼날이라는 엄정한 토대 위에 견고히 서 있을 수 있다고 해도, 시간은 조만간 그들이 한 일을 망쳐놓을 것이다.

과연 시간은 이 불행한 제국 건설자들을 처음부터 방해했다. 칼날은 결코 진정되지 않는 토대이기 때문이다. 피로 얼룩진 이 무기는 드러나 있든 묻혀 있든 불행한 업보를 떠안고 있다. 말하자면 그 무기는 활력을 잃은 주춧돌로 바뀔 수 없으며, 끊임없이 움직이다가 마치 분쟁의 씨앗처럼 서로 죽이고 죽는 검투사들의 새로운 무리에서 표면으로 솟구칠 수밖에 없는 것이다. '세계 국가'의 '세계 평화'는 힘들이지 않고 얻은 패권이라는 평온한 가면을 쓰고 있지만, 그 가슴 속에서 떨쳐버리지 못한 폭력이라는 악령에 맞서서 내내 필사적으로 가망 없는 싸움을 벌이고 있다. 우리는 이 도덕적 투쟁이 정책 갈등이라는 형태로 수행되고 있는 것을 볼 수 있다.

'세계 국가'를 통치하는 제우스 유형의 지배자가 키루스에게 치명적이었던, 더 많은 땅의 정복을 갈구하는 만족을 모르는 욕망을 억제할 수 있는가? "거만한 자들을 복종시키라"는 유혹을 참을 수 없다면 여하튼 "패한 자들을 살려주라"는 베르길리우스의 조언을 따를 수 있지 않은가? 제우스 유형의 지배자가 보이는 행태에 이 두 가지 시험을 적용하면, 그가 자신의 선한 결의를 오래도록 따르지 못한다는 것을 알 수 있다.

고대 그리스 세계 '세계 국가'의 역사에서 그 건설자는 후계자들에게 제국의 경계를 확장하려고 하지 말고 기존 경계 내에서 제국을 보존하는 데에 만족하라는 유명한 조언을 남기기 전에 스스로 로마의 국경을 엘베 강까지 확장하려는 시도를 포기함으로써 후계자들에게 절제의 모범을 보였다. 아우구스투스의 태도는, 그의 규칙이 브리타니아를 예외로 둘 수 있느냐는 유명한 논쟁에 관한 스트라본의 설명에서 잘 드러난다. 규칙을 어긴 이 특수한 사례가 결국 외견상으로는 아무런 해도 초래하지 않고 지나가기는 했지만, 이후 트라야누스˙가 파르티아 제국 정복이라는 크라수스와 율리우스 카이사르, 안토니우스의 꿈을 실현하려고 함으로써 더 큰 규모로 과감하게 규칙을 깨뜨렸을 때에 아우구스투스의 판단이 옳았음이 입증되었다. 로마 제국은 유프라테스 강을 건너서 자그로스 산맥 발치와 페르시아 만 입구로 일시적으로 전진했지만, 그 대가로 제국의 자금과 인력으로는 감당할 수 없는 부담을 떠안았다. 새로 정복한 영토뿐만 아니라 배후에 있는 제국의 옛 영토에 흩어진 유대인의 거주지에서도 반란이 터졌다. 막 시작되던 고대 그리스 세계 '인디언 서머'의 푸른 하늘에 일시적으로 먹구름이 끼었다. 트라야누스

• 재위 98-117년.

의 후계자인 하드리아누스*가 트라야누스의 검으로부터 물려받은 무서운 유산을 청산하는 데에는 그의 분별력과 능력이 모두 필요했다. 하드리아누스는 즉시 선황제가 정복한 유프라테스 강의 건너편 땅에서 철수했다. 그러나 그는 영토상으로만 전쟁 이전 상태를 회복했을 뿐 정치적으로는 그럴 수 없었다. 트라야누스의 공격 행위는 유프라테스 강 건너편의 시리아 사회에 하드리아누스의 되돌림으로는 지울 수 없는 깊은 흔적을 남겼다. 이 시기부터 시리아 세계의 유프라테스 강의 건너편 땅에서 분위기가 변하기 시작했다고 볼 수 있을 것이다. 로마가 다시금 검에 의지한 것과 뒤이어 이 그리스 세계의 침입자에게 맞서서 페르시아가 군사적 반격을 재개한 것이 그러한 변화를 조장했다. 로마가 다시 검에 호소한 것에 대한 페르시아의 반응은 아르사케스 왕조의 무능한 왕이 혁명을 통해서 사산 왕조의 폭군으로 대체되는 놀라운 방식으로 나타났다. 페르시아의 군사적 반격은 기원전 2세기 헬레니즘을 이란과 이라크의 그 발판에서 내쫓는 데에 성공했지만, 기원전 20년에 아우구스투스가 로마와 파르티아의 '명예로운 평화조약'을 체결한 이래로 중단된 상태에 있다가 이때 재개되었다. 기원후 113-117년에 트라야누스가 아우구스투스 규칙을 위반한 것에 대한 처벌은 기원전 53

• 재위 117-138년.

년에 파르티아인들이 로마 군대에 떠안긴 재앙이 사산 왕조 두 번째 파디샤의 후원으로 기원후 260년에 되풀이됨으로써 이루어졌다.*

이집트 역사에서 세나크텐레 아흐모세(재위 기원전 1580- 1558년)의 해방 전쟁 때에 칼집에서 나와 투트모세 1세(재위 기원전 1545-1514년)의 복수에 쓰인 테베의 검은 핫셉수트 여왕(재위 기원전 1501-1479년)이 신중하게 도로 칼집에 넣었으나, 결국 죽음이 핫셉수트의 자제력을 앗아가자마자 투트모세 3세(재위 기원전 1479-1447년)가 계획적으로 다시 꺼내어 휘둘렀다. 이후 100년간(대략 기원전 1479-1376년) '신왕국'의 정책을 지배한 군사주의의 업보는 이크나톤(아멘호테프 4세)이 네 명의 선대왕들로부터 물려받은 정책들을 격하게 거부했음에도 소멸될 수 없었다. 물려받은 왕국의 달갑지 않은 현실을 무시하고 고고학이라는 즐거움에 빠져서 국가의 근심을 잊고자 했던 나보니두스**의 유치한 책략으로도 네부카드네자르 2세의 군사주의가 벌을 면할 수 없었던 것과 마찬가지이다.

오스만 제국의 역사에서 정복자 메흐메트(재위 1451-1481

---

* 260년 에데사 전투에서 샤푸르 1세가 지휘하는 사산 왕조 페르시아 군대는 로마 군대를 궤멸하고 발렌스 황제를 포로로 잡았다.
** 신바빌로니아 왕국의 마지막 왕. 바빌론을 발굴한 역사상 최초의 고고학적 발굴 시행자.

년)는 의도적으로 자신의 '오스만 제국의 평화'를 그리스 정교
회의 역사적 영역(그 분파인 러시아 정교회 지역은 포함하지 않
는다)과 지리적으로 겹치게 만드는 사업으로만 목표를 제한했
다. 그리고 그는 인접한 서유럽 기독교 영역과 이란 세계를 잠
식하고자 하는 모든 유혹을 물리쳤다. 그러나 메흐메트의 계승
자인 셀림 1세(재위 1512-1520년)는, 부분적으로는 분명코 사
파비 왕조의 샤 이스마일 1세의 공격성이 억지로 그를 떠밀었
기 때문에, 아시아에서 메흐메트의 금욕적인 칙령을 위반했고,
셀림의 계승자인 술레이만 1세(재위 1520-1566년)는 유럽에서
도 금욕적인 칙령을 똑같이 깨뜨리는 더욱 심한 잘못을 저질렀
다(이 잘못은 궁극적으로 훨씬 더 큰 재앙이었고, 불가항력이었
다는 셀림의 핑계로도 용서받을 수 없었다). 결과적으로 오스만
제국은 두 전선에서 적에 맞서서 끊임없이 전쟁을 벌여야 하는
괴로운 상황에 빠져서 빠르게 힘을 잃어갔다. 오스만 제국은 전
장에서 적들을 거듭 격파할 수 있었지만 교전을 멈추게 할 수는
없었다. 셀림 1세와 술레이만 1세의 이러한 고집스러움은 오스
만 제국의 통치방식에 너무나도 깊이 스며들어서, 술레이만 1
세의 사망에 뒤이은 몰락조차도 메흐메트의 절제를 되가져올
만큼 오래 지속될 반정을 낳지는 못했다. 헛되이 낭비된 오스만
제국의 국력은 쾨프륄뤼 가문의 정치적 수완으로 회복되자마자
카라 무스타파에 의해서 소진되었다. 카라 무스타파가 오스만

제국의 국경을 라인 강 동쪽 강둑까지 옮기려고 프랑크인들을 새롭게 공격하여 전쟁을 벌였기 때문이다. 카라 무스타파는 이 목표의 달성에 결코 가까이 다가서지 못했지만 빈을 포위하여 공격한 술레이만 1세의 위업을 흉내냈다. 그러나 1529년에 그랬듯이* 1682-1683년에도 서유럽 기독교 세계를 보호하는 다뉴브 강 방어막의 우두머리를 오스만 제국 군대가 깨뜨리는 것은 너무나도 어려운 일이었다. 이 두 번째 기회에 튀르크인들은 빈을 목전에 두고 실패하지는 않았지만 무사하지도 않았다. 오스만 제국의 두 번째 빈 포위 공격은 서유럽 국가들의 반격을 유발했다. 이 반격은 1683년부터 1922년까지 크게 저지당하지 않고 지속되었으며, 튀르크인들이 아나톨리아의 고향을 계속 보유한 대가로 제국을 잃고 조상들의 이란 문화를 포기할 수밖에 없을 때까지 그 힘을 잃지 않았다.

카라 무스타파는 그렇게 무리하게 서유럽 기독교 세계의 벌집을 휘저어, 술레이만 1세가 앞서 했던 것처럼, 크세르크세스 1세가 저지른 고전적인 실수를 범했다. 그 다리우스 1세의 계승자는 유럽 본토의 그리스를 겨냥한 공격 전쟁에 착수했고 결국 그리스 세계의 반격을 유발했다. 이 반격으로 아케메네스 왕조의 페르시아 제국은 곧 그리스인들이 거주한 아시아 변두리의

• 술레이만 1세의 빈 포위 공격이 실패했다.

영토를 상실했고 종국에는 제국 자체가 파멸했다. 해상 강국 아테네가 테미스토클레스의 주도로 시작한 일을 육상 강국 마케도니아가 알렉산드로스의 주도로 이어받아서 완수한 것이다.

검을 다시 칼집에 꽂을 수 있는가를 알아보는 두 가지 시험 중의 첫 번째에서 '세계 국가'의 통치자들이 그다지 좋은 성적을 보이지 못했음을 알게 되었다. 이제 국경 너머의 민족들을 공격하지 않는다는 시금석으로부터 크게 떠벌려진 '세계 평화' 아래에서 이미 살고 있는 주민들에게 관용을 베푼다는 두 번째 시금석으로 옮겨가보자. 그러면 이 두 번째 시험에서도 제우스 유형의 지배자들은, 제국 건설자들의 특징인 수용성 덕분에 분명히 더 쉽게 관용을 베풀 수 있을 것처럼 보이기는 하지만, 별반 나을 것이 없음을 우리는 알게 될 것이다.

예를 들면 로마 제국은 유대교를 관용하기로 결정했고 유대인이 거듭 맹렬하게 도발했는데도 이 결정을 고수했다. 그러나 고대 그리스 세계를 개종시키려고 했던 유대교의 한 이단에까지 관용을 베풀 수는 없었다. 그것은 도덕적으로 더 힘든 일이었다. 로마 당국과 기독교 교회의 첫 번째 충돌에서, 제국 정부는 기독교 신앙을 중죄로 선언하는 극단적인 조치를 취했으며, 이러한 전쟁 선포는 네로의 만행들 중에서 그 폭군의 뒤를 이어 제위에 오른 자들도 폐기하지 못한 유일한 것이었다. 고대 그리스 세계의 '세계 국가'의 통치자들이 기독교를 이처럼 비공인 종교로 배척한 동기는 그 귀결만큼이나 중요하다. 제국 정부는 기독교에서 정부가 용납할 수 없는 요소에 대해서는 신민이 양심에 반하여 행동하도록 강제할 권한이 정부에게 있다고 주장했다. 그러나 기독교도는 이를 인정하지 않았다. 기독교도는 검의 우선권에 이의를 제기하고 있었고, 아우구스투스가 칼집에 꽂으려고 했던 무기는, 침해당한 권위를 지키고자, 마치 구멍에서 나온 뱀처럼 칼집에서 다시 불쑥 튀어나와서 이번에는 세상 무기의 일격으로는 결코 무너뜨릴 수 없는 영적인 힘과의 싸움에 들어갔다. 순교는 기독교의 전파를 억제하기는커녕 가장 효과적인 개종 수단임이 입증되었다. 기독교 순교자의 정신은 결국 로마 통치자의 칼날에 승리를 거두었고, 이는 기독교도의 피가 씨앗이 되었다는 테르툴리아누스●의 의기양양한 자랑을 증명했다.

로마 제국의 정부처럼 아케메네스 왕조 페르시아 제국의 정부도 원칙적으로 피치자의 동의를 얻어서 통치하려고 했고 역시 마찬가지로 실제로는 부분적으로만 이 정책을 실현했다. 로마 제국은 실로 페니키아인과 유대인의 충성을 얻어냈지만 장기적으로 볼 때 바빌로니아인이나 이집트인의 마음을 얻는 데에는 실패했다. 캄비세스는 동족인 카르타고인들에 맞서라는

─────────

● 155년경-240년경, 초기 기독교 저술가.

요구를 거절한 티로스인들을 용서하며 아량을 베풀었고, 다리우스 1세는 제루바벨(스룹바벨)의 무산된 반역 시도를 용서하며 아량을 베풀었다. 이러한 너그러움은 어쨌거나 시리아 세계의 이 두 민족이 어떤 경우에는 바빌론의 압제자들로부터, 다른 경우에는 그리스의 경쟁자들로부터 검으로써 그들을 구해낸 위대한 왕에게 품은 충성심을 굳히는 데에 충분했다. 그러나 키루스가 바빌로니아의 사제들을 달래고 다리우스가 이집트의 사제들을 달랜 것은 헛수고였다. 어떤 재주나 감언이설도 바빌로니아 문명과 이집트 문명의 상속자들에게 외국의 지배를 영구적으로 감수하게 할 수는 없었다. 이집트인들과 바빌로니아인들은 결코 반란을 멈추지 않았고, 결국 바빌론은 크세르크세스 1세에게, 이집트는 아르타크세르크세스 3세에게 짓밟혔다.

오스만 제국도 밀레트 제도를 통해서 '라야'에게 상당히 폭넓게 문화적 자율권은 물론 시민적 자율권까지도 허용했지만 이들의 충성을 얻는 데에 더 나은 성공을 거두지는 못했다. 제도는 법률적으로 관대했지만, 법이 실제로 적용될 때의 고압적 태도가 이를 망쳐버렸다. 오스만 제국의 정부는 결코 '라야'의 마음을 완전히 얻을 수 없었다. 오스만 제국의 정부가 일련의 정책 역전으로 '라야'에게 반역의 길을 열어주자마자 이들은 위험스러운 방식으로 불충을 드러냈다. 무자비한 행동형 인간인 셀림 1세는 대재상 피리 파샤와 셰흐 월이슬람 제말리의 공동 노력 때문에 신민 중에서 다수를 차지한 그리스 정교회 신도를 (시아파에게 그랬듯이) 몰살하려는 계획을 세웠다가 이를 단념했는데, '라야'의 반역에 직면한 셀림 1세의 후계자들은 그 계획이 단념된 것을 유감스럽게 생각했다.

셰흐 제말리는 술탄 셀림 1세의 잔혹한 계획을 무산시키기 위해서 노력했고 결국 성공했는데, 그를 이러한 노력으로 이끈 것은 개인적인 자비심만이 아니었다. 이슬람 율법의 규정도 그를 움직였다. 율법을 지키는 것은 셰흐의 의무였다. 샤리아(율법)는 '신도의 지도자'나 그의 대리인에게 무슬림이 아니지만 "성서의 백성들(People of the Book)"인 자들이 무슬림의 칼에 무력으로 저항하지 않는다면, 그리고 무슬림 당국에 복종하고 소득세를 내기로 약속하고 이를 지키는 한, 그들을 살려주라고 규정했다. 진실로 이는 아랍의 초기 무슬림 제국 건설자들이 따른 원칙이었고, 이들은 그 원칙을 충실히 지켰기 때문에 놀랍도록 빠르게 위업을 달성할 수 있었다. 칼리파 우마르는 예비적인 습격을 지나서 영구적인 대규모 정복의 단계에 들어서자마자 아랍 무슬림 군인들의 약탈에 맞서서, 더 나아가 그들의 권리에 맞서서 피정복민을 보호했다. 우스만은 우마르의 정책을 포기할 뜻이 없었다. 그래서 이 제3대 칼리파는 목숨을 잃었다. 이 점에서 우마이야 가문은 자신들이 네 명의 라시둔("올바르게 인도된") 칼리파의 당연한 계승자임을 증명했다. 무아위야는 관용의 모범을 보였고, 후기 우마이야 왕조뿐만 아니라 그에 앞선 아바스 왕조도 그 모범을 따랐다. 그러나 아바스 왕조도 불명예를 떠안았다. 아바스 왕조 말기에 '세계 국가'의 붕괴와 사회적 공백기의 도래를 알린 이슬람으로의 집단 개종의 결과로, 주민의 다수에서 소수로 축소된 칼리파국의 기독교도 신민을 공격하는 군중 폭력이 발생한 것이다.

우리의 고찰은 한번 피를 맛본 뒤 칼집에 꽂혔으나 다시 꺼내 달라는 검의 자멸적인 재촉을 보여주었다. 피로 더럽혀진 무기는 칼집에서 녹슬지 않을 것이며, 마치 이 사악한 도구를 먼저 쓴 자칭 구원자의 영혼이 범죄를 통해서 구원을 추구한 그의 죄가 한때 자신이 못되게 휘둘렀던 바로 그 무기에 의해서 속죄받을 때까지 영면할 수 없는 것처럼, 분명코 다시 나오고 싶어서 늘 근질근질할 것이다. 구원할 힘이 없는 무기도 처벌할 능력은 지닐 수 있을 것이다. 참회하듯이 칼집에 꽂힌 검은 동일한 성격의 의무를 수행하기를 여전히 갈망할 것이다. 이를 말릴 수는 없을 것이다. 그리고 마침내 시간이 제 편이 되었을 때에는 그 길을 갈 것이다. 거의 들리지 않는 곳까지 문명의 가장자리로 퇴조한 전투의 소음은, 때가 무르익으면, 국경에서의 지속적인 전투를 효과적인 훈련장으로 삼아서 로마 제국의 장성을 지키는 수비대로부터 직업군의 승리의 비결을 배우고 그들보다 우세해진 야만족 전사단의 선봉대에서 다시 들릴 것이다. 더 끔찍

268

한 것은 공포의 소음이 한번 더 전투적으로 변한 내부 프롤레타리아트의 부활에서 다시금 터져나오는 것이다. 그러면 이 '부정한 천민'이 오래 전부터 이미 위협이나 감언이설에 복종하는 습성을 익혔다고 우쭐했던 소수의 지배자들은 크게 당황할 것이다. 근자에는 전설 속으로 들어간 전쟁과 혁명의 유령들이 이전처럼 다시 대낮에 밖을 활보한다. 이전에는 유혈극을 본 적이 없는 부르주아지는 개방된 도시 둘레에 무엇이든 손에 잡히는 것으로, 수족이 절단된 조상과 더럽혀진 제단, 부서져 흩어진 기둥 쪼가리, 버려진 공공 기념물에서 잘려나간 명문이 새겨진 대리석 조각으로 서둘러 성을 쌓는다. 태평하게 새겨진 명문은 시대착오적이다. '인디언 서머'는 끝났기 때문이다. 이제 '고난의 시절'이 되돌아왔다. 이 충격적인 재난은 옛적의 어려운 시절은 영원히 지나갔다는 착각 속에 자란 세대를 급습했다.

역자 후기

이 책은 저자와 편집자가 앞에서 설명했듯이 아널드 J. 토인비의 『역사의 연구』에서 전쟁에 관한 내용을 발췌하여 엮은 것이다. 핵심 논지는 모든 문명의 몰락에서 전쟁이 주된 원인이었다는 것이다. 토인비는 역사 속의 사례를 들어 이 점을 설명한다.

군사주의의 전형으로는 고대 그리스의 폴리스 스파르타와 아시리아 제국을 들고 있다. '동등자' 시민들의 결속을 토대로 막강한 군사력을 유지하여 공동체를 지키려던 스파르타의 독특한 제도는 숫자에서 월등히 우세한 메세니아인들을 지배해야 하는 환경의 산물이었지만 '인간 본성을 무시하는' 것이었다. 고통스럽고 비인간적인 삶을 감내하던 스파르타인들은 펠로폰네소스 전쟁에서 승리한 뒤 해외의 다른 환경에 대면하게 되자 '타락했고' 지속적인 군사 활동으로 동등자들의 숫자가 줄어들어 결국 테베에 패배했다. 스파르타는 평화에 익숙하지 않은 군사주의적 체제의 한계를 드러내 보였다. 아시리아의 경우는 군사적 능력의 맹신에 따르는 약점을 경고한다. 한마디로 말해서 칼로 흥한 자는 칼로 망하는 법이라는 것이다. 지속적인 군사적 정복은 바빌로니아에서 반아시리아 연합 세력의 탄생을 초래했고 내부에서는 반란을 유발했으며, 결국 아시리아는 이로써 약해질 대로 약해진 상태에서 몰락했다.

주변의 다른 나라를 정복하려는 무절제한 전쟁이 파멸을 가져왔음은 다른 역사에서도 증명된다. 아시리아를 포함하여 프랑크 왕국과 티무르 제국의 경우에서는 군사주의의 다른 일탈이 보이는데, 한 문명권의 변경에 있던 이 나라들이 외부의 침입자들을 막는 동시에 내부를 공격하면서 일종의 내전을 일으킨 것이다. 카롤루스 대제는 작센과 이베리아 반도에서 외부의 적과 싸우면서도 여러 차례 이탈리아로 원정을 떠났으며, 티무르는 트란스옥시아나를 중심으로 유라시아 스텝 지역을 차지했으나 그 중심지라고 할 수 있는 이란 세계를 침공했다. 토인비는 변경의 후진적인 사회가 동일한 문명의 앞선 사회를 군사적으로 정복하여 동화시킬 수 없다고 지적한다. 또한 토인비는 군사주의의 함정을 다른 시각에서도 고찰한다. 승리에 도취하면 일종의 중독 상태에 빠져 군사주의의 유혹을 물리치기 어렵고 결국 폭력에 지속적으로 호소하다가 파멸을 맞이하게 된다고, 군사 기술의 발달과 문명 수준 사이에는 반비례 관계가 있음을 지적하며 군사 기술의 개선은 결국 문명 사회를 파괴할 것이라고 경고한다.

그렇다면 무턱대고 전쟁에 반대한다고 해서 평화를 지킬 수 있는가? 토인비는 우리 모두가 성자가 될 수는 없다고 보는 것 같다. 잔인한 상대에 기꺼이 목숨을 내놓을 것인가? 보통 사람은 그럴 수 없다. 비록 겁이 나더라도 맞서 싸울 것이다. 그런 점에서 군사주의의 밑바탕에 깔린 군사적 덕목은 긍정적인 평가를 받을 수 있다. 사회가 전쟁을 버릴 수 없다면 군사 기술을 이용할 수밖에 없다. 악의 지배 같은 더 나쁜 것을 피하기 위해서 차악을 선택해야 하는 것이다. 그렇지만 이 경우에도 준비가 필요하다. 토인비는 성서를 인용하며 "세속의 것이 아닌 무기"를 준비해야 한다고 말한다. 그에게는 그것이 기독교적 정신인 듯하다. 다른 말로 하자면 그것은 곧 평화이고 인간에 대한 사랑이자 선함일 수 있다. 종교적, 민족적 배타성이 군사주의를 추동해서는 안 된다. 토인비는 두 차례의 세계대전에서 평화를 사랑하는 국민들이 기꺼이 군인이 되어 유일하게 옹호할 수 있는 군사적 덕목을 실행함으로써 군사주의적 제국의 세계 정복 기도를 막아냈다고 지적하며, 역사 연구를 통해서 군사주의의 자멸적인 성격을 알았으니 우리는 희망을 가질 수 있다고 말한다. 과연 우리는 문명을 파괴하는 모든 악폐 중에서도 가장 해로운 군사주의를 물리칠 수 있는 고귀한 가치로 정신을 채울 수 있을 것인가?

조행복

인명 색인

골리앗 Goliath 189-190, 192-
193, 209-211
구스타브 2세 아돌프 Gustav II
Adolf 28
그라쿠스 Gracchus, Tiberius 181-
183, 229
그라티아누스 Gratianus, Flavius
202, 205
길리포스 Gylippos 82

나보나사르 Nabonassar 119
나보니두스 Nabonidus 261
나보폴라사르 Nabopolassar 125,
250
나폴레옹 Napoléon I 51
네로 Nero 249, 264
네르바 Nerva, Marcus Cocceius 252
네부카드네자르 2세 Nebuchadnezzar
II 126, 236, 250, 261
네코 2세 Necho II 126
네프스키 Nevsky, Alexandr 244-245
니키아스 Nicias 85

다윗 David 189-190, 192, 209-211,
235-236, 238-239, 243, 251, 253,
257

데마라토스 Demaratos 74-75
데모스테네스 Demosthenes 85
데 보르자 de Borja, Rodrigo 48
데시데라타 Desiderata 145
데시데리우스 Desiderius 144
돈스코이 Donskoy, Dmitry 244-245
드 고비노 de Gobineau, Joseph-
Arthur 45
디부스 율리우스 Divus Julius 248
디오니시우스 1세 Dionysius I 243
디오니시우스 2세 Dionysius II 243

레굴루스 Regulus 37
레오니다스 Leonidas 37, 47, 75-76
로트가우드 Hrodgaud of Friuli 146
롤랑 Roland 37
루소 Rouseau, Jean Jacques 45
(성왕) 루이 9세 Louis IX 28
루제로 2세 Roger II 166
리비우스 Livius 45
리사우어 Lissauer, Ernst 50
리산드로스 Lysandros 241-242
리시마코스 Lysimachos 138
(사자심왕) 리처드 1세 Richard Cœur
de Lion 36, 40

275

마르쿠스 아우렐리우스 Marcus Aurelius Antoninus 252, 256
마리우스 Marius, Gaius 128, 201, 229, 246
마키아벨리 Machiavelli, Niccoló 45
만코비르니 Mankobirni, Jalal-ad-Din 37
말로 Marlowe, Christopher 164
메로다크 발라단 Merodach-Baladan 120-121, 124-125
메흐메트 2세 Mehmet II 246, 261-262
멘투호테프 4세 Mentuhotep IV 253
무셰지브 마르두크 Mushezib-Marduk 122, 124
무솔리니 Mussolini, Benito 43, 51
무아위야 Muawiyah 249, 267
무함마드 Muhammad 139, 250
뭄미우스 Mummius 97
미나모토 요시쓰네 源義経 37
미카엘 8세 Michael VIII Palaiologos 244
미트리다테스 Mithridates 179

바그너 Wagner, Wilhelm Richard 45
바야르 영주 seigneur de Bayard 36, 40, 51
바예지드 을드름 Bayezid Yıldırım 154, 246
(사도) 바울 Saint Paul 16, 53
발레리아누스 Valerianus, Publius Licinius 205
발렌스 Valens, Flavius 202-204, 206, 226
버니언 Bunyan, John 32
베르길리우스 Vergilius Maro, Publius 258
베르트라드 드 랑 Bertrade de Laon 144
베스파시아누스 Vespasianus, Titus Flavius Sabinus 249
벤티디우스 Ventidius Bassus 207
벤하닷 1세 Ben-Hadad I 103-104
벨리사리우스 Belisarius 207
브라시다스 Brasidas 85, 241
블룬칠리 Bluntschli, Joahnn Kaspar 41
비두킨트 Widukind 146-147

사르곤 2세 Sargon II 113, 117, 119-121
사울 Saul 190
사프락스 Saphrax 203
샤 루흐 Shah Rukh 155
샤마슈슈무킨 Shamash-shum-ukin 124, 129
샤 이스마일 Shah Ismail I 161
살마네세르 3세 Shalmaneser III 127
살마네세르 5세 Shalmaneser V 119, 128
세나크텐레 아흐모세 Senakhtenre Ahmose 261
세누스레트 Senusret 256
세베루스 알렉산데르 Severus Alexander 256
센나케립 Sennacherib 109, 117,

120, 122, 129, 168

셀림 1세 Selim I 212, 262, 266-267

수렌 Sūrēn, Rustaham 206

술라 Sulla, Lucius Cornelius 181

술레이만 1세 Süleyman I 253-255, 262-263

스키피오 Scipio 175

스테파누스 Stephanus II 143

스툴루손 Sturluson, Snorri 45

스트라본 Strabon 259

신샤리쉬쿤 Sin-shar-ishkun 130, 132

아가토클레스 Agathocles 243

아게실라오스 2세 Agesilaos II 88

아기스 Agis 71, 86

아기스 4세 Agis IV 91, 94

아르타크세르크세스 3세 Artaxerxes III 266

아리스토니코스 Aristonicos 178

아리스토텔레스 Aristoteles 91-92

아메넴헤트 3세 Amenemhat III 252, 256

아멘호테프 3세 Amenhotep III 252, 256

아멘호테프 4세 Amenhotep IV 256, 261

아슈르나시르팔 2세 Ashurnasirpal II 112

아슈르바니팔 Ashurbanipal 109, 114, 117-118, 124-125, 129, 132, 163, 166

아스티아게스 Astyages 107

아우구스투스 Augustus 181, 230, 247, 249, 257, 259-260, 265

아이밀리우스 파울루스 Aemilius Paullus 195

아이스툴프 Aistulf 144

아티디우스 게미누스 Atidius Geminus 97

아틸라 Attila 164

아합 Ahab 103-104

안토니우스 Antonius, Marcus 96, 207, 259

안티고노스 Antigonos 97

안티고노스 3세 도손 Antigonos III Doson 94

알라테우스 Alatheus 203

알렉산드로스 대왕 Alexandros the Great 28, 138-139, 194-196, 242, 264

알렉시오스 1세 콤네노스 Alexios I Komnenos 243-245

알바 공작 Duke of Alba 28

알바탈 al-Battal, Abdallah 37

암미아누스 마르켈리누스 Ammianus Marcellinus 204

앨프리드 대왕 Alfred the Great 38

에사르하돈 Esarhadon 117, 120, 124

에파미논다스 Epaminondas 89, 91, 242

예수 Jesus 182

우마르 Umar 249, 267

우스만 Uthman 139, 267

유구르타 Jugurtha 178

유스티니아누스 Justinianus 222
율리아누스 Julianus, Flavius Claudius 205
이반 4세 Ivan IV 255
이스마일 1세 Ismail I 262
일데브란도 Ildebrando da Soana 44, 48

제루바벨 Zerubbabel 266
제말리 Jemali 266-267
지그프리트 Siegfried 37

칭기즈 칸 Chingiz Khan 148-149, 159, 164

카라 무스타파 Kara Mustafa Pasha 262-263
카롤루스 대제 Carolus Magnus 38, 144-148, 154-156, 162, 166, 168, 272
카이사르 Caesar, Julius 96, 201, 229, 237, 246-247, 249, 257, 259
카토 Cato, Marcus 176, 247
칼 12세 Karl XII 40
캄비세스 2세 Cambyses II 249, 265
캉유웨이 康有爲 37
콜레옴브로토스 1세 Cleombrotos I 89
콜리지 Coleridge, Samuel Taylor 184
콤모두스 Kommodus 256
쿠빌라이 칸 Khubilai Khan 149
크라수스 Crassus, Marcus Licinius 205-207, 226, 229, 259

크로이소스 Kroisos 248
크롬웰 Cromwell, Oliver 239
크세노폰 Xenophon 107-108
크세르크세스 1세 Xerxes I 74, 263, 266
클라이브 Clive, Robert 185
클레오메네스 3세 Cleomenes III 91, 93-94
키루스 대왕(키루스 2세) Cyrus the Great 107, 248-249
킬론 Chilon 63, 78

타키투스 Tacitus 95
테르툴리아누스 Tertullianus, Quintus Septimius Florens 265
테미스토클레스 Themistocles 212, 264
테오도로스 1세 Theodoros I Laskaris 243-245
테오도시우스 1세 Theodosius I 205
토미리스 Tomyris 248
톡타미시 Tokhtamysh 150-152, 159
투키디데스 Thucydides 84
투트모세 1세 Thutmose I 252, 261
투트모세 3세 Tuthmose III 261
트라야누스 Trajanus, Marcus Ulpius 259-260
트뤼그바손 Tryggvason, Olaf 37, 47
티글라트 필레세르 3세 Tiglath-Pileser III 113, 116-119, 121, 126, 128, 142, 163, 166
티르타이오스 Tyrtaios 192
티무르 Timour 148-156, 158-164,

166, 168, 272
티베리우스 Tiberius 97

파르탑 싱 Partap Singh 37
파우사니아스 Pausanias 87-88
파울러 Fowler, Albert 7, 17
페르세우스 Perseus 178, 195
폰 몰트케 von Moltke, Helmuth 40-
43, 46-48, 51
폴리비오스 Polybios 175, 181, 198
폼페이우스 Pompeius, Magnus Gnaeus
247
표트르 대제 Pyotr the Great 255-
256
프로코피오스 Prokopios 207, 222-
223, 225-227
프리드리히 대왕(프리드리히 2세)
Friedrich the Great 40-41, 51,
212
프리드리히 2세(신성 로마 제국
황제) Friedrich II 28
프리티게른 Fritigern 203
프리티라지 Prithiraj 37
프삼티크 1세 Psamtik I 118
플루타르코스 Plutarchos 45, 68,

75, 95
피리 Piri Mehmed Pasha 266
피에스키 Fieschi, Sinibaldo 48
피피누스 Pippinus III Brevis 143-
144, 153
필리포스 2세 Philippos II 194-
195, 241-242

하드리아누스 Hadrianus, Publius
Aelius 260
하룬 알 라시드 Hārūn al-Rashīd 253
한니발 Hannibal 60, 177-178, 196-
198, 201, 204-205
할둔 Khaldun, Ibn 153
핫셉수트 Hatshepsut 261
헤로도토스 Herodotos 74-75, 107,
248
헤이스팅스 Hastings, Warren 185
호라티우스 Horatius Flaccus 237
후사인 Husayn 139
훌라구 칸 Hulagu Khan 211
히스기야 Hezekiah 121
히에로니무스 Hieronymus 243
히에론 1세 Hieron I 243
히틀러 Hitler, Adolf 11, 45